齐鲁传统文化

高职 | 总主编 杨朝明 孙中升
| 本书主编 鞠桂芹

山东城市出版传媒集团·济南出版社

图书在版编目（CIP）数据

齐鲁传统文化：高职版 / 杨朝明，孙中升主编. --
济南：济南出版社，2018.7
　ISBN 978-7-5488-3255-3

　Ⅰ.①齐… Ⅱ.①杨… ②孙… Ⅲ.①文化史—山东
—高等职业教育—教材 Ⅳ.①K295.2

　中国版本图书馆CIP数据核字（2018）第131766号

出 版 人　崔　刚
责任编辑　冀瑞雪　孙育臣　冯文龙
审　　读　于建福
封面设计　胡大伟
版式设计　谭　正

出版发行　济南出版社
地　　址　山东省济南市二环南路1号（250002）
编辑热线　0531—86131747（编辑室）
发行热线　82709072　86131747　86131729　86131728（发行部）
印　　刷　山东新华印刷厂潍坊厂
版　　次　2018年9月第1版
印　　次　2018年9月第1次印刷
成品尺寸　185 mm×260 mm　16开
印　　张　11
字　　数　200千
印　　数　1—5000册
定　　价　30.00元

（济南版图书，如有印装错误，请与出版社联系调换。联系电话：0531-86131736）

编　委　会

总序言

当前是中国职业教育需要大发展的时期，习近平总书记指出："职业教育是国民教育体系和人力资源开发的重要组成部分，是广大青年打开通往成功成才大门的重要途径，肩负着培养多样化人才、传承技术技能、促进就业创业的重要职责，必须高度重视、加快发展。"在职业教育发展中，传统文化教育是十分重要的方面，需要高度重视，切实做好。

中共中央办公厅、国务院办公厅印发的《关于实施中华优秀传统文化传承发展工程的意见》指出，职业教育要不忘立德树人根本任务，因而应当遵循学生认知规律和教育教学规律，按照一体化、分学段、有序推进的原则，把中华优秀传统文化全方位融入思想道德教育、文化知识教育、艺术体育教育、社会实践教育各环节，要注意民族文化传承与创新示范专业点建设。如何做好这些工作？我们认为必须遵循职业教育的特点与职业院校学生的实际，着力培养学生正确的价值观、高尚情操和传统美德，增强学生对民族文化和社会主义核心价值观的认同感和自信心，将优秀传统文化的精华要义内化于心、外化于行，进而使传统文化发扬光大，中华传统美德薪火相传。

不言而喻，注重实践性和适应性，强调"知行合一"，是职业教育的重要特色。只有一流的心性，才有一流的技术。中共十九大报告指出，要"弘扬劳模精神和工匠精神，营造劳动光荣的社会风尚和精益求精的敬业风气"。工匠精神是职业精神，又是职业道德、职业能力、职业品质的集中体现，是职业价值取向和行为表现。它要求劳动者或工匠必须具备敬业、精湛、专注、创新等优良品质，是一种深沉的、内在的精神，需要持久提倡，大力弘扬。

所谓"工匠精神"就是"工匠＋精神"，通俗而言，便是"干活好"同时"做人好"。就像日本著名的木工大师秋山利辉所说：凡是对人热情的木匠，手上的活一般也不错；而对人不耐烦的木匠，手上活往往很一般。能否成为一流的匠人，取决于人性而不是技术，如果你的心是一流的，那么经过努力，技术绝对可以成为一流。所以古人云：成大人成小人全看发心，成大事成小事都在愿力。

传统文化有物质的、制度的、观念的不同层级。从理论上讲，传统文化的不同层级是一体的，三者互相包含，互相作用，观念的文化体现在物质文化和制度文化之中，物质的文化离不开制度的、观念的文化的影响。中国传统文化的核心在于"道德""信念"或"价值"层面。人的追求使之有相应的努力，人的认知使之有相应的行动。齐鲁儿女的文化创造体现了他们的向往，表达了他们的审美，凝聚着他们的智慧，述说着他们的思维。

在齐鲁大地生长发展起来的传统文化，具有极强的人文性，它从思索人性和人的价值出发，从而指示了中国历史的进程，建立了中国文化的理想，深刻影响了中国社会的方方面面。例如，中国人的勤劳勇敢、坚韧不拔，中国人的锲而不舍、精益求精，其实都有深厚的思想基础。《中庸》说："人一能之己百之，人十能之己千之。果能此道矣，虽愚必明，虽柔必强。"孔子夸赞颜回说："回之为人也，择乎中庸，得一善，则拳拳服膺弗失之矣。"这就是通常所说的"至诚无息""择善固执"。一个人如果能博学、审问、慎思、明辨、笃行，就功到自然成，就会把简单的事情做到极致，最终止于至善。

没有高度的文化自信，没有文化的繁荣兴盛，就没有中华民族的伟大复兴。文化自信需要文化自知，我们通过了解齐鲁文化，可以走近中华优秀传统文化，进而产生对民族文化的"温情与敬意"，以形成坚定的价值信仰和强大的前进动力。在这样的基础上，去深层体会中国优秀传统文化的深度和高度。

然而，现在不少人对传统文化还有一定的认知偏差，有时根据自己的一知半解，提出一些似是而非的看法。例如有人认为传统文化"轻视劳动和劳动者"，进而以为这与职业教育相冲突；再如《论语·为政》记孔子说"君子不器"，有人竟理解为孔子轻视实践，不重视器物之学，从而以为他排斥职业教育。其实，这些误解都是对中国优秀传统文化了解不够造成的。如孔子还说"君子藏器于身"，这怎么理解？其实，《礼记·学记》说"大道不器"，与"君子不器"可以对读，都是说有境界、有格局的人不会仅是一个被使用的器皿，处世做人要有正确的是非观念，有正确的价值标准。人生在世，要谋生做事，必须有基本的技能。人有知识与能力，首先要知礼明理，循礼而动。"藏器于身"之后，这个"器"如何使用，怎样行动，则取决于人的好恶与判断，取决于人之内心的追求。

在中国传统文化中，齐鲁文化具有极其重要的地位。学习齐鲁传统文化，对于了解中华优秀传统文化具有重要的意义。只是我们学习传统文化，理解文化现象，要整体地、联系地把握，不可拘泥地、孤立地看待，例如鲁班是一位了不起的工匠，但在鲁班身上就承载了敬业精神与创新精神，鲁班文化的精髓是专注、勤奋、坚韧，我们都应该从中体味鲁班巧技制胜、规矩立身、授业解惑、至善于人、创新垂法、博施济众的精神，这无疑十分有助于提升职业院校学生的素养。

杨朝明

2018年7月12日于曲阜

目录

第一单元 齐鲁文化追根溯源

　　山东是孔子的故乡，是儒家文化的发祥地。儒家思想是中华文明的重要组成部分。时到今日，以儒家思想为代表的齐鲁文化仍然在中华文化中占有重要的历史地位。

　　齐鲁文化是齐文化和鲁文化的统称。东临滨海的齐文化尚功利、求革新；地处内陆的鲁文化尚伦理、重传统。两种文化有机融合，形成了博大精深的齐鲁文化。齐鲁文化中包孕的自强不息的刚健精神、崇尚气节的爱国精神、经世致用的救世精神、人定胜天的能动精神、民贵君轻的民本精神、厚德仁民的人道精神、大公无私的群体精神、勤谨睿智的创造精神等基本精神，在中国传统文化中发扬壮大，对中华民族优秀传统文化的发展发挥了举足轻重的作用。

一　创榛辟莽曙光兴——文明新生

经典故事

传说上古时代，华胥国有个叫"华胥氏"的姑娘，她到一个叫雷泽的地方去游玩，偶然看到了一个巨大的脚印，便好奇地踩了一下，于是就有了身孕。怀孕12年后，她生下一个儿子。这个儿子有蛇的身体和人的脑袋，华胥氏给他取名为"伏羲"。

1. 山东的自然地理环境

山东省地处中国东部、黄河下游，位于北半球中纬度地带；陆地南北最长约420公里，东西最宽700余公里，面积15.7万平方公里；境域东临海洋，西接大陆。

山东地形中部突起，为鲁中南山地丘陵区；东部半岛大部是起伏和缓、谷宽坡缓的波状丘陵，为鲁东丘陵区；西部、北部是黄河冲积而成的平原，是华北平原的一部分，为鲁西北平原区。

山东的大陆海岸线全长3 345公里，占全国海岸线的1/6，仅次于广东省，居全国第二位。沿海岸线有天然港湾20余处，沿海滩涂面积约3 000平方公里，15米等深线以内水域面积1.3万余平方公里，近海海域17万平方公里。

山东气候温和，雨量集中，四季分明，属暖温带季风气候类型。降水集中，雨热同季，春秋短暂、冬夏较长。年平均降水量一般为500毫米~900毫米，由西北向东南递增，冬、春及晚秋易发生旱象。

山东水系比较发达，境内河湖交错，水网密布，自然河流的平均密度为每平方公里0.7公里以上。干流长10公里以上的河流有1 552条，50公里以上的也有1 000多条。主要有黄河、徒骇河、马颊河、大汶河、小清河、沂河、沭河、胶莱河、潍河、大沽河、五龙河、大沽夹河、泗水、万福河、洙赵新河等。

2．山东的史前文化

史前文化是指没有文字记录的时期人类所产生的文化。在中国有许多的史前文化，山东境内也有许多。那么，你知道山东有哪些史前文化吗？

早在漫长的山东史前文化时期（约公元前21世纪之前），在这片适宜人类繁衍生息的广袤土地上，就有原始居民生活、劳动。由于地处东方，相对远离于地处中原的统治中心，后人就把这一带的众多部落称为"东夷"。

山东沂源出土的"沂源猿人"化石，距今已有四五十万年，是山东已发现的最早的猿人化石。据考证，沂源猿人化石同北京猿人化石有许多相似之处，而且与二者伴生的哺乳动物群也基本相同。沂源猿人很可能就是生活在这里的最早的古人类。考古发掘证实，山东史前文化主要发源地在鲁中泰沂山区，迄今所见沂源猿人化石及其后继者的旧石器遗址，几乎全都集中在泰沂山脉中段。此后，在山东还发现了多处旧石器时代早、中、晚期的文化遗存，分布于从泰沂山区、鲁中南到山东半岛的广大地区。经过漫长的旧石器时代以后，在距今一万年前后，山东大地进入了以磨制石器和陶器为主要标志的新石器时代，开始了稳定的农业定居生活的新阶段。

山东章丘境内的城子崖遗址于20世纪20年代末被发现，30年代初开始挖掘。城子崖遗址是由中国考古学家自己发现、独立发掘的具有开创意义的重大考古发现之一。其出土的大量造型优美的黑陶器令人叹为观止，尤其是有"黑如漆、明如镜、薄如纸、硬如

沂源猿人遗址

瓷"之誉的蛋壳黑陶和发达的轮制陶艺技术，说明龙山文化时代山东先民的生产技术已经达到了相当高的水平。

根据大量的考古证据及研究，可以基本推算出山东地区（海岱考古文化区）史前文明的发展是沿着后李文化（距今8500～7500年）——北辛文化（距今7500～6200年）——大汶口文化（距今6200～4600年）——龙山文化（距今4600～4000年）——岳石文化（距今4000～3500年）的序列自成系统发展的，其

中尤以北辛文化、大汶口文化、龙山文化最有代表性。

经典赏读

舜耕历山，历山之人皆让畔¹；渔雷泽，雷泽上人皆让居；陶河滨，河滨器皆不苦窳²。一年而所居成聚³，二年成邑⁴，三年成都⁵。尧乃赐舜缔⁶衣，与琴，为筑仓廪，予牛羊。

——《史记·五帝本纪》

〔注释〕 ① 畔：田界。② 苦窳（yǔ）：指粗劣、易坏。③ 聚：村落。④ 邑：市镇。⑤ 都：都城。⑥ 缔（chī）衣：细葛布衣。

〔赏析〕 在上古时期，山东地区的生产力就已经达到了较高的发展水平。上述材料中舜"耕历山""渔雷泽""陶河滨"从一个侧面反映了当时耕种、捕鱼、制陶等生产方式。舜是传说中父系氏族社会后期部落联盟领袖，上古帝王，《史记》将其列为"五帝"之一。舜品德高尚，对父母非常孝顺，《二十四孝》之首就是舜"孝感动天"的故事。舜在各方面都表现出卓越的才干和高尚的人格力量，因而得到了百姓的拥戴，并得到尧帝的认可。尧帝晚年，舜接受尧的禅让登上天子之位，史称"虞舜"。

知识链接

1. 山东龙山文化遗物代表——蛋壳黑陶杯

蛋壳黑陶杯，1973年出土于日照东海峪，现藏山东博物馆。杯高22.6厘米，口径9厘米；为泥质黑陶，薄如蛋壳，器表乌黑光亮；宽斜口沿，深腹杯身，细管形高柄，圈足底座；杯腹中部装饰六道凹弦纹；细柄中部鼓出部位中空并装饰细密的镂孔，貌似笼状，其内放置一粒陶丸，将杯子拿在手中晃动时，陶丸碰撞笼壁会发出清脆的响声，杯子站立时，陶丸落定能够起到稳定重心的作用，设计十分巧妙。它

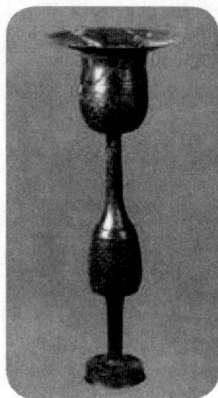

蛋壳黑陶杯

代表了新石器时代陶器制作的最高水平，是一件绝无仅有的古代艺术珍品。

2. 山东大汶口文化遗物代表——红陶兽形壶

红陶兽形壶，1959年出土于泰安大汶口遗址，现藏山东博物馆。此壶高21.6厘米；夹砂红陶质，通体施红色陶衣；仿照动物形态制成，嘴巴及身体像猪，耳朵及

红陶兽形壶

四肢像狗，准确地把握了动物各部位的比例结构和形体特征。尽管因实用需要在兽背上加了一个提手和一个注水口，但仍不妨碍其憨态可掬的生动形象。全器构思巧妙，造型生动，饶有趣味，兼具实用性和美观性。

二　东夷文化铸根基——夏商时期的山东文化

经典故事

有次，齐景公饮酒作乐，和晏子闲聊，至高兴处，发出了人要是能长生不老该有多快乐的感慨。博学的晏子见状，就开导齐景公，他说："假如古人不死，那只是古人高兴而已，您又能得到什么快乐呢？当年爽鸠氏首先居住在这个地方，他死后季蒍氏继承了这块土地，后来又由逄伯陵继承，然后又是薄姑氏继承，此后才是您。假如那些古人可以长生不死，那么只能是爽鸠氏会得到快乐（因为他可以永远占据这片土地），但这不是您希望看到的。"

《左传》里记录的这个故事无意间梳理了齐地在远古时代的政权更迭情况。今天都说山东是齐鲁大地，其实齐地最早是爽鸠氏的生活区域，夏朝季蒍氏继承了这块土地，商汤时期有逄伯陵国，殷末有薄姑国，到周朝才成为齐国的地盘。

夏商时期随着原始社会的发展，山东地区的东夷文化有了长足的进步，出现了文字记载、冶炼金属、制造工具等诸多判断文明水平的表现要素。商代后期中原地区对山东一些方国的吞并，使东夷文化与中原文化走向融合。

1. 夏商时期的东夷文化

东夷文化是中华文化的重要源头之一。在夏商时期，东夷文化的主要表现形式就是岳石文化。岳石文化距今4000～3500年，因其遗址在今山东平度东岳石村而得名。其分布范围比较明确，以泰沂山脉为中心，北起鲁北冀中，向南越过淮河，西自山东最西部、河南东部一线，东至黄海之滨。郝家庄类型是岳石文化的一个重要类型，主要遗址有平度岳石村、青州郝家庄、潍坊姚官庄和鲁家口、昌乐邹家庄、诸城前寨等。在文化特征方面，岳石文化的房屋结构主要为半地穴式、地面式和台基式三种。地面建筑多挖有基槽，亦有直接在地面挖洞立柱者，多铺红烧土，坚硬平整，是这一时期建筑的一大特色。岳石文化时期的大多数陶器为泥质灰胎黑皮陶和夹砂红褐陶，都采取了先进的轮制方法。岳石文化的夹砂陶草率粗糙，泥制陶古朴精致，两者反差甚大，这是岳石文化陶器的重要特征。岳石文化的生产工具主要是用石、骨、角、蚌制作的农具，其中角器有镞、锥和带倒刺的鱼镖；蚌器有镞与镰；还有陶纺轮和网坠。从上述生产工具来看，采集与渔猎在本时期的经济生活中仍占有一定地位。岳石文化遗址中出土有青铜锥、镞、小刀和青铜残片，说明岳石文化已进入青铜时代。

从时间上看，岳石文化处于夏代至殷商早期，这时中国已经处于奴隶社会早期阶段。夏朝建立后，中原文化迅速东进，其中主要是商族势力向东的发展；岳石文化的一些氏族向淮河一带迁徙，而泰沂山脉以东则继续发展着岳石文化，这也表明随着中原王朝的建立，东夷文化与中原文化的交流逐渐开始加速。同时，基本成型于奴隶社会前夜的东夷文化，在奴隶社会早期又得到了进一步的发展。

2. 殷商时期的商奄与薄姑

商奄和薄姑是商朝末年山东地区的两个强大方国。商奄是以今山东曲阜为中心的方国；薄姑是以今山东淄博、滨州一带为中心的方国。

（1）商奄，又称奄国，都城为奄（今山东曲阜旧城东），疆域可能与后来的鲁国相近。因参与周初的三监之乱，灭于周公东征。周公旦被封于奄国故地，由于周公要留在镐京辅佐成王，便由长子伯禽代为赴任，建立鲁国。鲁国建立后，大部分奄人南迁复国，继续反周，并在失败后不断南迁，最终在春秋中期偏晚时被宜国所灭。一小部分奄人被周王朝迁往秦地，从而成为一部分秦国的先民。

奄曾为商朝国都，《竹书纪年》记载，南庚将商都从庇迁到奄，后来盘庚又将都城从奄迁到殷，加上其间的阳甲，奄作为国都共经历三位商王（约四十年）。奄国国君姓氏主要有"嬴姓"和"子姓"两种说法。

（2）薄姑是商朝晚期的东方大国，周公东征时被灭，随即土地归齐，间接促成了齐国的崛起。随后，薄姑故城又做过齐国二十载的国都。

"薄姑"一名最早见于西周的周公鼎铭文，铭文中写作"専古"。周人代商，齐国承袭了薄姑国，因此薄姑国对齐文化的塑造产生过深远的影响。

关于薄姑国的早期状况，《竹书纪年》有"太戊五十八年，城薄姑"的记载。太戊是商朝的第九位君王，太戊五十八年是公元前1580年，以此为开端来计算，至灭于周公东征，薄姑国约存在了460年。

薄姑国在商朝末年崛起，打败了另一个强大的方国逄国，逄国此后被迫西迁，搬到了今济阳一带，于是薄姑国成为商末周初山东北部地区最强大的国家。

经典赏读

昔有过浇杀斟灌以伐斟鄩，灭夏后相。后缗方娠，逃出自窦，归于有仍，生少康焉。为仍牧正，惎浇能戒之。浇使椒求之，逃奔有虞，为之庖正，以除其害。虞思于是妻之以二姚，而邑诸纶。有田一成，有众一旅，能布其德而兆其谋，以收夏众，抚其官职。使女艾谍浇，使季杼诱豷，遂灭过、戈，复禹之绩，祀夏配天，不失旧物。　　——《左传·哀公元年》

〔注释〕　①有过：夏代方国名，在今山东莱州一带。②相：夏代第五代国君。③后缗（mín）：相的妻子。④有仍：夏代方国名，后缗的娘家，在今山东济宁一带。⑤牧正：管理畜牧的官。⑥惎（jì）：忌恨。⑦旧物：指夏代原来的典章制度。

〔赏析〕　这段材料反映了夏王朝初年的动荡政局，也反映了有过、有仍等山东地区方国对当时政局的重要影响。夏启去世后，王位曾被后羿、寒浞窃取。夏王相被杀后，其妻后缗逃回娘家有仍，在有仍国生下了少康。少康成年后担任"牧正"，后来联合有仍、有虞等方国，杀掉寒浞父子，恢复了夏代统治，史称"少康中兴"。

知识链接

1. 方国

方国或方国部落是指夏商之际的诸侯部落与国家。现今学者对这些方国的认识主要来源于商朝晚期的殷墟遗址出土的甲骨卜辞。这些部落与国家在卜文中多被称为"×方"，所以得名"方国"。

根据近年来学者们的研究，商王朝时期的国家是一种古国与方国的联合体，有的学者把这种联合体称为"方国联盟"。苏秉琦先生对"古国"和"方国"的定义是："古国指高于部落以上的、稳定的、独立的政治实体"，"即早期城邦式的原始国家"；"古国时代以后是方国时代，古代中国发展到方国阶段大约在距今四千年前"。

2. 薄姑文化遗存——亚醜（chǒu）钺（yuè）

亚醜钺

亚醜钺，1965年出土于山东青州苏埠屯，现藏山东博物馆。钺在商代被视为礼仪重器，象征着至高无上的王权。亚醜钺通长32.7厘米，刃宽34.5厘米，长方形，方内，双穿，两肩有棱，弧形刃，器身雕刻为人脸样式，极富威严感。钺正反两面铭"亚醜"二字，故得此名。

三 杂糅百家成一统——齐文化与鲁文化

经典故事

商朝末年，纣王荒淫无度，百姓困苦不堪。姜子牙不能忍受纣王的胡作非为，就躲到渭水河边过起了隐居的日子。

渭河一带是西伯侯姬（jī）昌的管辖范围。为了吸引姬昌的注意，姜子牙天天坐在河边钓鱼。他的鱼钩是直的，没有鱼饵，离水面有三尺高。他一边钓一边说："鱼儿呀，你快点上钩吧！"有人好意地告诉他这样钓不到鱼，姜子牙只是笑着说："鱼儿自己会上钩的。"人们嘲笑他，他也不理会。

这件事很快传到姬昌耳中，姬昌心想他可能是个有才能的奇人，就派士兵去请。姜子牙看到来请他的是士兵，就继续钓鱼，嘴里念着："钓、钓、钓，鱼儿不上钩，虾米来捣乱！"士兵只好回去报告。于是姬昌又派大臣去请，姜子牙看见这次来的是大臣，仍然不理睬，嘴里又念着："钓、钓、钓，大鱼不上钩，小鱼来捣乱！"大臣也只好回去报告。最后，姬昌就准备了丰厚的礼品，亲自拜访姜子牙。姜子牙看出他的确是一心想要寻找贤能的人，就答应辅佐他。姬昌为了表示对他的尊敬，就封他为太公，史称"姜太公"。后来姜子牙辅佐文王、武王，推翻了商朝的统治，建立了西周王朝。

姜太公和周公是齐、鲁两国的缔造者，也是两国文化的奠基人。从齐、鲁两国建立伊始，齐鲁地域文化便开始形成和发展起来。西周时期由于立国基础、地理环境和建国方针等的差异，齐文化和鲁文化一开始就呈现出迥然不同的特点。齐文化兼容并包，鲁文化则注重维护宗周文化的纯正。齐文化务实、功利，注重富国强兵，工商业和兵学发达；鲁文化则执着于对道德理想的追求和对传统文化的传承，礼仪风俗淳厚。春秋时期，两国文化快速发展，齐桓公霸业使齐国成为当时的政治、经济和军事大国；鲁国则成为周王室衰落后的礼乐文化中心，孕育了儒家思想。齐、鲁与周边莒、莱等国文化交流频繁，共同创造了辉煌灿烂的齐鲁文化，为战国时期在齐鲁地区形成诸子百家争鸣的盛况奠定了基础。

1．齐、鲁两国的建立

（1）太公封齐

周王朝建立伊始，武王大封天下，姜太公凭着在兴周灭纣中的功劳被封于齐。太公封齐，是周王朝靖边安周的重大决策之一。当时，齐地方国林立，实力强大者有十余国，如莱国、杞国、谭国、薄姑国、奄国、熊国、夷维等，这些地方邦国世居东夷，繁衍生息，根深蒂固，又因他们的居地犬牙交错、疆域辽阔，殷商王朝曾多次征讨，均未使他们臣服。周朝建立以后，他们仍然与周对立，这样周王朝的东部边境就难以安宁。

辞别武王后，姜太公带领文武百官，携家眷侍从、车乘辎重，浩浩荡荡向齐地进发。他们昼行夜宿，走了好几天还没进入齐地。这天，他们住旅馆不久，就听店主人说："有道是，机会难得而易失，这些人行动不紧不慢，哪像个赴国建都的样子？"太公听了，感觉话中有话，猛然惊醒，遂不顾舟车劳顿，日夜兼程，加速到了齐地。到达营丘才知，果然已有外患发生。莱人听说太公来营丘建都，急发兵来争。太公先礼后兵，一场激战，击败莱侯，占领营丘，建都称"齐"。

齐国境内大多是没有开垦的荒地和盐碱地，当西方诸侯开始播种五谷、发展农业时，齐国的居民仍在发展畜牧业与渔猎业。为了治理好国家，姜太公放弃自己氏族的习俗，因地制宜地实行"因俗简礼""尊贤尚功""通商工之业"和"便鱼盐之利"等治国方针，使鱼盐业、纺织手工业、商业等快速发展，齐国国力遂日益强大起来。

（2）周公封鲁

姜太公被封于齐地的同时，在灭商战争中建有巨大功勋的周公旦被封于鲁。

周公旦受封之后，由于天下初定，需要留在王室辅佐周天子，无法亲自到达封地，因此，其长子伯禽代为就封，从这个角度说，伯禽才是鲁国第一位真正意义上的国君。最初，鲁国并不在今山东曲阜一带，而是在今河南鲁山一带，后来，周王室为了巩固和加强对东夷地区的统治，将鲁国改封在曲阜。鲁国境内的大部分地区地势平坦、土地肥沃、水源充沛，适合农业、畜牧业和蚕桑业的发展，因此当时的鲁国有很强的经济实力。《国语·鲁语上》有"鲁之班长"的记载，"班长"就是诸侯国之首的意思。

虽然曲阜一带的地理环境比较优越，但是此地原本是殷商势力较为强大的地区，这里的东夷部族并没有甘心降服于周朝。因此，在伯禽前往此地之前，东夷各部曾多次叛乱。

伯禽刚到曲阜时，徐戎、淮夷等部族趁其立足未稳之际发动叛乱，伯禽率军讨伐，经过激烈的战争，虽然平定了这次叛乱，但敌对势力并没有被彻底消灭。伯禽死后，其子酋（qiú）继位，史称考公，在位四年去世。他的兄弟熙继位，称为鲁炀（yáng）公。炀公在壮大国力的同时不断四处征讨，最终彻底收服了周围的众多小部族，使鲁国逐渐在曲阜一带站稳脚跟。

2. 齐鲁文化的精神特质

由于地理环境的差异以及封国性质的不同，齐、鲁两国在文化上存在一定的区别。然而，从本质上观察，从价值角度分析，似乎二者的不同并非所谓"隔了一座泰山，就变成了两个世界"，毕竟两国的始封之君都是周初重臣，两国都是周王室的封国，在政治、经济、婚姻等许多方面往来频繁，交流不断，使得两国文化在许多方面表现出相同或相通之处。

综合齐、鲁两国的文化，将其与中华大地上许多区域文化相比，可以看出它的独特精神气质。大要说来，主要体现在以下四点：

（1）兼容并蓄，胸襟博大

齐鲁文化从来源上就是多源的，这就决定了齐、鲁文化的开放性和包容性，从而具有了兼容并蓄的博大胸襟。春秋战国时期，齐、鲁两国不仅是东方文化的中心，甚至是当时整个东周文化的中心。

春秋战国时期，齐鲁两国文化表现出宽广能容的博大气势。鲁国是有名的礼乐之邦，齐国更具泱泱大国之风，不同的文化因素交汇融合，不同的思想火花激荡碰撞，使这里诸子蜂起，名家辈出。鲁国产生了被称为"显学"的儒家和墨家，齐国的稷下学宫中更有儒家、道家、名家、阴阳家、法家等汇聚在一起，他们著书讲学，又相互切磋辩难，推动了思想的解放，也发展了各家各派的学说。齐鲁文化的开放气质，可以说体现得淋漓尽致。

从文化的构成上讲，鲁国文化全面继承宗周文化，但绝不排斥其他文化，在鲁国，除周朝礼乐文化以外，还保留了许多其他的文化因素。

最为典型的是，周人伯禽一支来到鲁地后，他们要"变其俗，革其礼"，试图全面推行周朝的礼乐制度，但这种变革基本上是在制度层面上。因为不仅当地居民保留了自己的风俗习惯，而且迁徙而来的"殷民六族"也保存着殷人的习俗。例如，鲁国自西周以来一直保存着的"三年之丧"，就是当地居民比较典型的风俗之一。还有，发掘鲁国故城时，人们发现了一个有趣的现象，就是古鲁城内居住着两个不同的民族。在对两组墓葬的发掘中，发现周人墓保持着灭商以前的作风，而另外一组墓与周人墓"作风迥异"，随葬器物、腰坑、殉狗等"皆与商人墓的作风相似"，而且这种墓葬"从西周初年至少延续到春秋晚期"，这个事实说明他们"固有的社会风尚曾牢固地、长时间地存在着"。这都证明在丧葬之礼方面，鲁国仍然一直允许旧有习俗的完整保留。众所周知，周人重礼，礼乐之中，又以丧祭之礼最为重要，当地居民中这种风俗的存留很能说明问题。

鲁国的社会风俗中，周人礼俗之外的文化不一而足。如鲁国立有周社，同时也立有"亳社"。"亳社"就是殷社。传统上认为，周朝建立后，诸侯国中立有"亳社"是为了"戒亡国"，认为它是亡国之社。其实，情况可能并非如此，鲁国立有"亳社"是因为鲁有殷商遗民，而鲁国的国人主体是殷民后裔，他们还在"亳社"中举行祭祀、盟誓等活动。鲁国周社、亳社并立，至少能表明周人对殷商遗民采取了怀柔与拉拢的政策。种种现象，都表明鲁国文化并不封闭、保守。至于产生于鲁国的孔孟儒学，更不是封闭、保守的思想体系。

（2）刚健有为，积极进取

在齐、鲁两国，无论是政治家还是思想家，都表现出了刚健有为和积极进取的文化品格，这是齐鲁文化的一个重要精神。在孔子所作的《易传》中，"刚健"和"自强"的观念十分清晰。如《象传》有"天行健，君子以自强不息"，《彖传》有"刚健而不陷，其义不困穷矣""刚健而文明""刚健笃实，辉光日新。其德刚上而尚贤，能止健，大正也"，《文言》有"刚健中正，纯粹精也"。这实际从一个侧面反映了齐鲁文化的刚健品格。

齐鲁两国人民的积极进取也是齐鲁文化得以不断丰富和发展的不竭的动力源泉。自两国始封时，无论是对当地风俗进行因循还是变革，都是根据本地实际，力图政治稳定和尽快获得发展的积极措施。以后，两国的政治家不断努力，为了自身的富足，不断采取措施，在政治、经济、军事等方面谋求变革，以图国力增强。公元前495年，鲁国实行的"初税亩"是春秋列国赋税制度改革的先声，以后又"作丘甲""用田赋"，不断更新，以求变革。齐国的改革自管仲相齐开始，很快取得了国富民足的良好效果，以后，不少政治家都反对故步自封，他们招贤纳士，任用贤才，接受谏言，尽职尽责。这些变革给国家的发展不断注入新的活力和勃勃生机。

刚健有为和积极进取更是齐、鲁两国思想家们共同的特征。无论是鲁国的孔孟儒家、墨家，还是齐国的管仲、晏婴或者稷下各家，他们大都积极入世，致力于治国安邦的事业。他们洞察列国大势，分析世态发展，从而积极进取，自强不息，他们是齐鲁文化的重要代表，是齐鲁文化中一朵朵鲜艳的奇葩。

管仲力行改革，相桓公，"九合诸侯，一匡天下"，取威定霸。晏婴事君以忠，谏君以智，强公室，抑私门，薄赋省刑，施行仁政，从而在内外形势复杂的境况之下，内安社稷，外靖邻邦。齐国的兵家同样卓越，他们总括历史与现实，透析政治、经济与军事之间的联系，写出一部又一部不朽的兵学圣典。

孔子自幼好学，一生"学而不厌，诲人不倦"，积极推行自己的政治主张，为宣传自己的学说到处奔走，甚至"知其不可而为之"，希望实现天下大同的政治理想。孔子以后，鲁国的儒家们无不继承孔子的精神，致力于安邦定国、济世救民。墨家也是如此，著名的思想家墨子为了推行其"兼相爱，交相利"的主张，"日夜不休，以自苦为极"（《庄子·天下篇》），"摩顶放踵利天下，为之"（《孟子·尽心上》）。

总之，齐鲁诸子虽然观点不同，成就各异，但在刚健进取方面是基本一致的。齐鲁文化中的这一精神也是中华民族的基本精神，是我们民族不断发展、自强的重要精神支柱。

（3）富于人文关怀和人道精神

春秋战国是中国历史上一个重要的过渡阶段，社会各领域都处于新旧交替的状态。社会的变革猛烈冲击着夏、商、周三代的传统观念，致使"礼坏乐崩"，"疑天""怨天"的情绪弥漫社会，人文理念逐渐打破了传统宗教意识的垄断地位。人文理念的上升意味着人文关怀和人道精神的张扬，在这样的情势下，人的因素受到空前的重视，从而大大超越了对于鬼神的虔敬。于是，人的价值受到尊重，人的权利和尊严也得到维护。表现在思想观念上，西周以来虽然也"尊天""敬天"，儒家更讲"天命"，但都是讲在"知天""敬天"基础或前提下的顺应天命，他们更讲"敬天保民""敬德保民"，其重点强调"保民"，以民为本，以民为中心，而在春秋战国时期得到了更大程度的提升和弘扬。

春秋战国时期，随着社会变动兴盛起来的"士"阶层空前活跃，频频走公室、跑私门，希图得到大大小小权势者的任用。他们由于身份和所依附的阶级集团不同，便成了不同阶级、阶层的代言人。而权势者也在招揽贤者、礼求士人，以为自己服务。因此士人得以自持其说，"合则留，不合则去"，自由地在权势者间奔走游说，或自立学派收徒授学。于是，诸子百家的思想滥觞于齐鲁之邦，形成学派之后又以齐鲁为争鸣舞台。此时，人们崇尚德治，热爱邦国，注重群体，善于创造，主张厚德仁民、先义后利，这些思想观念，都在齐鲁文化中占有主导地位，都充满了人文关怀和人道主义精神。从实质上讲，组成齐鲁文化的各家各派，其思想都属于政治文化的范畴，他们在论述治国方略时，又无一不积极崇尚民本主义，应当说，人文关怀和人道精神是齐鲁文化的灵魂。

齐鲁诸子各家大都主张厚德仁民，重视民众，充满了人道主义精神，人本主义色彩极其浓重。这些思想家有的讲"王道"，有的讲"霸政"，但他们都关心国家的繁荣与安定，都关心百姓的富庶与满足。齐国重武图霸，政治思想家都想到要首先顺民，以富民、利民为前提，无论管仲还是晏婴，无论兵家典籍还是稷下著作，都一致注意到了顺应民心、从民所欲的关键意义。在重文图治的鲁国，从春秋前期的臧文仲、柳下惠到春秋末年的孔夫子，从孔门弟子到孔门再传，从儒家到墨家，他们思维的起点都是"人"，都是从"人"出发。

以孔子为代表的儒家学派，其思想体系最为典型、最为集中地体现了人文关怀和人文精神。儒学是修己安人之学，希望从修身开始，然后齐家、治国、平天下。为了达到这样的目的，儒家大谈"修己""修德"，正是人道精神的最高体现。儒学谈论人性，无论孔子、子思，还是孟子、荀子，都谈论人性问题，他们对人性的探讨，实际正是探讨人、关心人；他们所思考的如何修身、修德，如何正心、诚意，怎样致知、格物，都是围绕"人"展开的，都是对"人"的重视。

在鲁国产生的墨家，以对儒学的反动为表现形式，其实也同样是人文关怀和人道精神的体现。墨子学孔子之学而走向了儒学的反面，主张兼爱、非攻、非命、节葬、贵义、兴利，希望"兴天下之利，除天下之害"（《墨子·非乐》），乃是为劳动人民的利益进行考虑的结果。

（4）崇德重法，德、法兼顾

在齐、鲁两国，崇德重法，德、法兼顾应该说是非常突出的思想观念，无论是思想家的系统论述，还是政治家的施政实践，对处理德治与法治的关系问题，人们都有十分明确和清醒的认识。

表面看来，齐国与鲁国民风差异很大。正如司马迁在《史记·货殖列传》中所描述的："齐带山海，膏壤千里……其俗宽缓阔达而足智。"战国时的著名纵横家苏秦也曾以齐都临淄为例描述过齐人的豁达与富足，似乎与拘泥和执着于周礼、讲究揖让进退的鲁国民风形成明显区别。其实，在尊崇周礼上，齐与鲁是一致的，只是两国对待周礼各有侧重而已。

德法关系与礼法关系、礼刑关系、德刑关系在意义上大体一致。由于对周礼不同方面的取舍，齐、鲁两国对于德、法关系的态度有所区别。儒家经典《周礼》中有主管教化的司徒之官，"使帅其属而掌邦教，以佐王安扰邦国"；也有"帅其属而掌邦禁，以佐王刑邦国，以诘邦国"的司寇之官，他们的任务在于"刑百官""纠万民"。儒家注重教化，孔子的治国思想中有德有法。总体上讲，孔子的思想以德治为本，以刑罚作为补充，此即所谓"德主刑辅"。

鲁人重德，但并不是鲁国无法。《吕氏春秋·察微》和《淮南子·道应训》都提到"鲁国之法"，1983年末湖北江陵张家山出土的汉简《奏谳书》有柳下季断案事例，其中引鲁法云："盗一钱到廿，罚金一两；过廿到百，罚金二两；过百到二百，为白徒；过二百到千，完为倡。"看来，鲁国也有健全的法律。如果去研究其法律实践，会发现这样的法律在今天仍有启示意义。

相比之下，鲁儒的见解更为深刻。孔子可以说是一位典型的德治主义者，但孔子认为，治国者不可不有"德法"和"刑罚"。从《孔子家语》的《执辔》篇看，孔子将"德法"与"刑辟"对举，他把治国形象地比喻为驾车，而把德法看作统御人民的工具。刑罚何时为用？刑罚怎样作为德法的补充？孔子认为应在德教难行之时。据《孔子家语》的另一篇《刑政》记述，孔子曾经说过："太上以德教民，而以礼齐之。其次以政焉导民，以刑禁之，刑不刑也。化之弗变，导之弗从，伤义以败俗，于是乎用刑矣。"在这里，刑之用乃以德为前提，刑只使用于愚顽不化、不守法度的人。刑以止刑，刑以佐教，宽猛相济，这其实正是孔子的一贯主张。

刑之设不独为刑，更在于止刑，惩恶不是终极目的，劝善才是最高宗旨。德政与刑政的关系也就像孔子所说的行政中的"宽"与"猛"的关系。孔子认为，治国者不可丢弃德法而专用刑罚，否则一定会造成非常严重的后果。

不论是孔子还是后世儒者，他们较多地论述德、刑关系，而格外强调德治，原因在于人们往往比较功利地去看待问题，而以德治国功效却不是短时间内可以见到的。《大戴礼记·礼察》中说道："凡人之知，能见已然，不能见将然。礼者，禁于将然之前；而法者，禁于已然之后。是故法之用易见，而礼之所为生难知也。"应当承认，儒家的这一认识是十分深刻的。

如果说鲁儒崇德，在德、法二者之间偏重于德，那么齐国则是重法，在德、法之间偏重于法。像鲁国的儒家那样，齐国名相管仲、晏婴都重视礼治，但他们与鲁儒的不同，在于重视礼治的同时十分强调法治，强调法在治理国家中的作用。管仲初为齐相时，桓公询问如何保持宗庙社稷，他说应该"设象以为民纪"，即树立榜样，作为民之表率，然后"劝之以赏赐，纠之以刑罚"（《国语·齐语》）。《管子》中关于德之重要性的论述更是比比皆是，这其实与鲁儒没有什么不同。但后来，管子后学发挥了管仲思想，从而系统阐发了法治思想，走上了重法的道路。例如，《管子》中说"法出于礼"（《管子·枢言》），"仁义礼乐皆出于法"（《管子·任法》），虽然也注重礼与法之间不可分割的密切关系，但总是以法作为更为根本性的东西。

晏婴也十分重视法，认为"国无常法，民无常纪"乃"亡国之行"（《晏子春秋·内问上第二十五》）。他认为不仅要立法，而且要人人遵守，谁也不能违犯；在进行具体的赏罚时，要注意平等公正，不可因身份的不同而有不同。

田齐时期，从齐国君臣到稷下诸子，大都强调"德法兼治"，不过，二者的天平似乎仍然向"法"倾斜。这就是说，他们一方面强调法治，另一方面又不单纯强调法，而同时注意德的作用，从而与三晋法家判然有别。

荀子的观点更具有代表意义。荀子久居齐国，但他属于儒家；荀子属于儒家，却批评儒家，与鲁儒不同；他处在战国时期，对各家各派各种思想研究反思，带有总结性质；他三为稷下学宫祭酒，其学说一定得到大多稷下学士的认可。在德法关系上，荀子提出礼法结合，以礼为本，以刑为用，他注重教化，注重"礼义之化"，又注重"邦禁"，他的思想不仅与《周礼》合拍，也集中了齐鲁思想家们的精到论说。荀子礼法结合的思想、齐鲁文化中德法结合的思想，具有永恒的意义。

3. 齐、鲁文化的交融

齐、鲁是邻邦，两者的文化互相交融是很自然的事情，特别是秦一统中国之后，两地原本差异较大的文化就此打破藩篱，逐渐走上交融、统一的道路。自此以后，齐鲁两地的文化虽然保持着各自的特色，但日益变得你中有我、我中有你。

随着齐国和鲁国疆域的变迁，两国文化的交流也步步深入，逐渐融合为一体的齐鲁文化圈。这个过程固然与齐、鲁为近邻，关系密于他邦等密切相关，但更重要的原因是春秋战国时期文化发展变革的催生。

春秋时代齐国的霸业与鲁国礼乐文化的发展，促进了齐鲁两国文化的相互吸收，而其融合的硕果则是春秋战国之际孔子儒学核心思想的形成。根据有关文献统计，这个时期，齐鲁两国之间的密切交往远胜于他国，会盟、战争、婚姻、侵地等诸多渠道的交流融合，有力地促进了文化融合的进程，而春秋末年孔子对齐文化的考察、研究与吸收则使齐鲁文化的融合产生了质变与飞跃。

孔子对齐鲁文化融合的贡献，主要在于他对齐文化中传承的东夷文化的"仁"的吸收、改造、提升，并与鲁国制度化、伦理化的"礼"相结合，融合、提炼、创新、升华为更高层次的仁、礼结合的思想，而这正是他创立的儒家学说的核心思想。东夷文化中，传承着"仁"的习俗，这在古文献中多有记载，自太公以来"因俗简礼"的方针也给这种"仁"俗在齐国传承奠定了基础。孔子称"桓公九合诸侯，不以兵车，管仲之力也。如其仁！如其仁！"即是对齐人将"仁"的传统运用到治国和霸业外交的政治实践的肯定。

战国时代，齐国疆域向鲁地的大幅扩展及儒家"显学"在齐国的传布与影响，大大推进了齐鲁文化的融合。而齐国的稷下学宫则是促进齐鲁文化融合，推动儒学发展的重要文化基地。

战国之世，齐鲁文化的交流融合有两大途径。一是齐强鲁弱的局面进一步加剧。鲁国日衰，国土日削；齐国日强，称王称霸，对鲁攻城夺邑，疆域大规模向鲁国延伸扩展。这种疆域的兼并统一，大大加快了齐鲁在文化上的融合进程。二是诸子的百家争鸣超越国界，成为空前的文化盛况，并在齐国的"稷下学宫"形成了百家争鸣的文化中心。儒学是诸子百家中的"显学"，借助稷下和齐鲁的兼并与文化交融，在齐地得到迅速传播，儒家思想体系得到进一步丰富和发展。儒家大师在齐、鲁诞生，使齐、鲁思想文化逐渐走向融合。

春秋战国时期形成的这种齐鲁文化氛围，奠定了齐鲁文化的基调和格局，其影响直至当今。

经典赏读

周公戒伯禽曰："我文王之子，武王之弟，成王之叔父，我于天下亦不贱矣。然我一沐三捉发，一饭三吐哺，起以待士，犹恐失天下之贤人。子之鲁，慎无以国骄人。"

——《史记·鲁周公世家》

〔注释〕 ① 一沐三捉发，一饭三吐哺：意谓洗头时没洗完就抓起头发停下，吃饭时多次没吃完就中止，比喻政务繁忙，礼贤下士。② 骄人：傲慢待人。

〔赏析〕 周公被封于鲁，但因为要留在周王室辅佐成王，便由长子伯禽代为就封。据《史记》记载，临行前，周公对伯禽说了上边一段话，告诫他要礼贤下士，宽以待人。而伯禽牢记父亲的叮嘱，成为一位勤政爱民的优秀国君，这也形成了鲁国敬天保民的政治传统。"周公吐哺，天下归心"（曹操《短歌行》）成为后世求贤若渴、礼贤下士的典范。

知识链接

诫伯禽书

《诫伯禽书》为周公旦所作，是中国历史上第一篇家训。周王朝建立后，周公因功被封鲁地。由于天下初定，周公需要留在周天子身边辅政，无法亲自到达封地，因此其长子伯禽代为就封。周公告诫儿子说：德行宽裕而恭敬待人，就会得到荣耀；土地广大却克勤克俭，就没有危险；禄位尊盛却谦卑自守，就能常保富贵；人众兵强却心怀敬畏，就能常胜不败；聪明睿智却总认为自己愚钝无知，就是明哲之士；博闻强记却自觉浅陋，那是真正的聪明。这六点都是教育伯禽要培养谦虚谨慎的美德。伯禽没有辜负父亲的期望，没过几年就把鲁国治理成民风淳朴、务本重农、崇教敬学的礼仪之邦。

四 兼收并蓄博而精——齐鲁文化的历史地位

经典故事

　　一帮中国人聚在一起，争相夸赞自己家乡的名人胜迹之多之广。最后一位山东人说："我们山东名山、名水、名人最少，只有一山、一水、一圣人。"虽是一山一水一圣人，却都是名高无比的。一山即泰山，号称"五岳独尊"；一水即黄河，号称中华民族的"母亲河"；一圣人即孔子，号称"万世师表"。由此三者，足可看出齐鲁文化在中国文化史上的地位。

　　齐鲁文化不仅融合了齐文化和鲁文化，而且兼收并蓄，广泛吸收了其他地域文化的长处，逐渐形成了一种具有完备的自我调节功能、再生能力很强的文化。特别是汉武帝"独尊儒术"以后，齐鲁文化实际获得了在政治和文化上的支配地位，成为一种政治大一统背景下的官方文化，最终融入到统一的中国传统文化系统之中，并成为中国传统文化的主流。

　　在中国古代文明的发展史上，齐鲁文化曾产生了巨大的作用和影响。

　　首先，随着齐鲁文化的形成和发展，古代中国文化中心由西而东转移。齐、鲁两国的建立是周文化征服东夷文化的政治尝试，但历史的发展往往超出统治者狭隘的政治意图，周文化与东夷文化文化一经结合，便形成了两种更高级、更先进的文化——齐文化和鲁文化。齐鲁文化的出现，打破了镐京在文化上的垄断地位，西周末年，随着镐京倾覆，王室东迁，当时的文化中心转移到了齐鲁文化所在的东方。战国时期，齐国一直是东方的大国，统治者又重视文化发展，设立稷下学宫，"招致天下贤士"，成为当时的学术文化中心。鲁国初封，因是周公的封国，所以得到的西周礼器文物典籍甚多，故后人有"周礼尽在鲁"之说，又由于鲁国有重礼的传统，造成鲁国特有的文化氛围，而作为传统文化传播者的儒家产生于鲁国，乃势所必然。战国以后，以鲁国为根据地的儒学向四周辐射，造成齐鲁文化更广泛地传播，促进了百家争鸣，为中华古代文明的发展做出了巨大贡献。仅在先秦时期，齐鲁地区就产生了像孔子、孟子、荀子、墨子、管子、晏子、孙武、邹衍、孙膑这样一批文化伟人，这在世界文明史上也是罕见的，它从一个侧面反映了齐鲁文化的繁荣与兴盛，齐鲁之地是当时中国文化最发达的地区。

其次，齐鲁文化对古代政治、经济、文化的发展产生了巨大的影响。秦统一中国后，法家思想虽然成为政治上的指导思想，但渊源于阴阳五行学说的"方士文化"在秦朝也具有不可低估的作用。至西汉初年，属于齐文化系统的"黄老之学"又风靡一时。当时的统治者以"黄老之学"为理论依据，在全国推行"无为而治"，不过六七十年间，便形成了中国历史上第一个封建盛世——"文景之治"。汉代形成的"霸王道杂之"的"汉家制度"，也和齐鲁文化有深远的渊源。西汉学者刘向在《说苑·政理》篇中曾说，齐国"尊贤，先疏后亲，先义后仁也，此霸者之迹也"，鲁国"亲亲，先内后外，先仁后义也，此王者之迹也"，"故鲁有王迹者，仁厚也，齐有霸迹者，武政也"。齐鲁霸王之道，不仅被汉代统治者所接受，逐渐合成为"汉家制度"，而且对此后历代有作为的封建统治者的治国方略均产生了深远的影响。汉武帝"独尊儒术"，以儒术取士，是中国思想史、政治史上的一大变革。齐鲁是汉代经学最发达的地区，西汉的五经八师中，伏生等六人都是齐鲁大儒；东汉时设置的"五经博士"，齐鲁儒生占了八名。至东汉末年，齐鲁地区又出现了两位著名的大经学家，一位是今文经学大师何休，另一位是古文经学大师郑玄。东晋南朝时期流寓江南的著名士族如琅琊王氏、兰陵萧氏、高平郗氏、琅琊颜氏和泰山羊氏都来自齐鲁之乡。齐鲁名士和先进的齐鲁文化南下，为江南地区的开发做出了巨大贡献。直至北宋，苏浙一带尚有"为学慕齐鲁"的传统……

齐鲁文化一直被称为中国传统文化的正宗，在中国古代文化发展过程中起着核心与主体的作用，这是因为齐鲁文化具有自强不息的刚健精神、民贵君轻的民本精神、崇尚气节的爱国精神、大公无私的群体精神、经世致用的救世精神、人定胜天的能动精神、厚德仁民的人道精神、勤谨睿智的创造精神等。这些精神通过不同历史阶段的积淀与发扬，对民族性格与民族精神的养成和发展产生了巨大而深远的影响。从这个意义上说，发掘与继承齐鲁文化的优秀资源，对弘扬、培育中华民族精神具有非常重要的理论意义和实践价值。

经典赏读

《春秋》大一统者，天地之常经，古今之通谊也。今师异道，人异论，百家殊方，指意不同，是以上亡以持一统；法制数变，下不知所守。臣愚以为诸不在六艺之科孔子之术者，皆绝其道，勿使并进。邪辟之说灭息，然后统纪可一，而法度可明，民知所从矣。　——《汉书·董仲舒传》

〔注释〕　①谊：通"义"，道理。②百家：指当时的各家学说。

〔赏析〕　汉武帝时期，董仲舒上"天人三策"，强调应用儒家思想来指导治国理政。汉武帝采纳了他的建议，实行"罢黜百家，独尊儒术"的文化政策，使儒学逐渐发展为官学，齐鲁文化对中国传统文化发展的影响力因而得以进一步提升。

知识链接

1. 经学大师——郑玄

郑玄（127—200），字康成，北海高密（今山东高密）人，东汉末年儒家学者、经学大师，为汉代经学的集大成者。唐贞观年间，列郑玄于二十二"先师"之列，配享孔庙。与晏婴、刘墉并称为"高密三贤"，后人建有郑公祠以志纪念。

2. 齐长城遗址——青石关

齐长城遗址青石关为国家级重点文物保护单位。青石关原为齐鲁要道的咽喉，位于莱芜市和庄镇青石关村，北邻淄博市博山区白洋河、樵岭前村交界处。

学以致用

1. 利用周末或节假日，有组织地到淄博参观齐国文化博物馆，通过馆藏文物进一步了解齐国的发展历程，并讨论一下，我们应如何保护好文物。

2. 在条件允许的前提下，以班级为单位，到青岛参观上合峰会主会场——青岛国际会议中心，找寻其中的齐鲁文化元素，并讨论如何让齐鲁文化发扬光大。

第二单元 孔子儒学泽被后世

　　煌煌中华，郁郁文明，绵绵相延，班班可考。中华文明在五千多年的悠久历史中弦歌不辍，薪火相传。孔子是中华文明的象征，也是中国文化的中心，他承前启后，系统整理了三代文明并推陈出新，创造性地建立了儒家学派，对中国社会影响极其深远。由于孔门后学的积极宣扬，孔子儒学不仅在战国时期成为"显学"，而且在汉武帝朝成功联袂社会政治，极大地推动了社会进步。儒学也因之以主流文化的姿态屹立于历史舞台。以后的历代儒生都尊崇孔子的学说，孔子因而也就成了儒家的宗师。

　　嗟我夫子，既圣且明，述而识文，作而知情。孔子继往开来，他将中国文化连为一系。中华文明因孔夫子得以传续，中华民族也因之以文明之邦流芳千古。

五　博学而慎思——集大成者

经典故事

据《论语·八佾》记载，有一天，孔子在几名弟子的陪同下，来到卫国边境的一座小城。这座小城的长官听说后，就前去拜访孔子。他见到孔子的随从弟子，就对他们说："凡是有君子来到我们这里，我都会前来拜访。"于是，弟子们就将他带去见孔子。经过一番交谈后，这位小城的长官被孔子的博学和见识深深折服。他出来后，语重心长地对孔子弟子们说："你们这些年轻人怎么能担心以后不得意啊？天下无道已经很久了，上天这是要以孔夫子为木铎啊！"

上面故事中所说的"木铎"，是一种铜质木舌的铃子，用于宣传政令。卫国官吏拜访孔子后，认为孔子是受命于天，满怀治世理想与超凡才能的圣贤。

1. 幼少时代——困顿而好学

古语曰"英雄莫问出处"，又有"莫欺少年穷"之说，皆为不言出身而嘉赞有志之语。一个人只要能够立志，能够有所行动，就有可能建伟业、成大器。孔子从没落的贵族出身而奋发进取，这对我们的人生有很好的启迪作用。

孔子，名丘，字仲尼，春秋末年鲁国人。他的远祖微子是宋国的始封之君。因为避难，微子的后代来到鲁国。孔子的父亲叔梁纥是一位大力士，他"身长十尺"，曾用双手托起城门。叔梁纥年老时娶颜徵在为妻，在尼山祈福后生下孔子。孔子幼年时，父亲去世，家境逐渐衰落。

孔子少年时一直过着贫困的生活。他经历了许多艰辛与磨难，也做过许多社会最底层的工作，但他做任何事情都很出色。

生活的困顿，使得少年孔子努力奋发。孔子自幼勤学好问，可以说是好学的典范。《论语》记录孔子"学而不厌""发愤忘食，乐以忘忧"。孔子语录"三人行，必有我师焉，择其善者而从之，其不善者而改之。""知之者，不如好之者；好之者，不如乐之者。"人人耳熟能详，也一直是读书人信奉的探求学问之道。

孔子好学，成就了他的是"博学"。孔子几乎不放过一切求知的机会，他曾不辞辛劳到周地考察，虚心向老子请教；进入鲁国太庙，遇到不明白的事情就询问求教；还曾向师襄学琴。因为不懈努力，学无常师，孔子上通天文，下知地理；他熟悉历史，也深谙现实；他讲治国平天下的"大道理"，也谈为人处世的"小枝节"；他通晓诗、书、礼、乐，也熟知鸟兽草木之名……

2．从政生涯——为学而致用

孔子勤奋向学，他孜孜以求的是治国理民，匡扶正道。孔子认为"政者，正也"，"为政"就是"为正"，就是以自身的"正"来引领社会，教化人心。子夏所说的"仕而优则学，学而优则仕"，很好地概括了孔子的观点，即要求治国理政的人才要不断从学习和工作中提升自己的能力和素养。

孔子主张学以致用，他的从政生涯是从基层开始的。孔子刚刚从政时，任鲁国的中都宰，相当于今天一个小镇的镇长。就是在这样一个小镇，孔子践行着他的政治理想，展现出高超的政治才华，他为政仅仅一年时间，就成为各地学习效仿的样板。

在这里，孔子率先树立起尊老爱幼的民风。在那个连年战乱的时代，生活物质并不充裕，孔子主张"长幼异食，强弱异任"，把食物先敬奉老人，强弱兼顾，各尽其能，引导尊老敬长的风尚。

孔子为政的美誉传播开来，各地诸侯纷纷前来学习效法。鲁定公问孔子："学习先生的方法来治理整个鲁国，怎么样呢？"孔子回答说："即使治理天下也是可以的，何况只是一个鲁国呢？"

由于政绩突出，第二年，孔子就晋升为鲁国的司空。在这个岗位上，他运用科学的方法，指导百姓根据土地类型进行播种，生养不同的物产。万物都获得了适宜生长的环境，收获了丰厚果实。很快，孔子又被擢升为大司寇。孔子认为，法官的理想是实现"无讼"，最好的状态是"设法而不用"，如果人们之间没有什么事情需要通过法律才能够解决，就说明人们认为所处的生活状态是公正的，没有怨结。

孔子担任大司寇期间，在思想上、制度上励精图治，表现了卓越的政治才能。在外交上，鲁定公十年（前500年）夏，齐鲁"夹谷之会"，孔子为辅相，大智大勇，挫败了齐人欲劫持鲁君的阴谋。此次会盟，不仅成功维护了鲁国的尊严，还迫使齐国归还了以前侵占鲁国的汶阳、龟阴等田地。随后，孔子为钳制"三桓"，提出"隳三都"的主张，并取得了一定成效。

正当孔子在治理鲁国上大展宏图的时候，相邻的齐国担心起来。他们认为"孔子为政必霸"，于是阴谋离间孔子与鲁国当政者的关系，并向鲁定公和大夫季桓子赠送了一批美女和骏马，使他们沉迷于声色、怠于政事，疏远了孔子。孔子为寻找一个能够施展自己政治抱负的地方，无奈之下，带领弟子周游列国。

在那个战乱频仍的世道，各国诸侯都急功近利，一门心思对外扩张，不能接受孔子治国理政的大道。最终，孔子栖栖遑遑，四处奔走，历尽劫难，也没有找到适合自己的安身之所。鲁哀公十一年（前484年），在颠沛14年后，孔子回到鲁国。

3. 潜心周礼——继承和弘扬

孔子既凡而圣，他的学说博大精深又切近人心。孔子思想的形成有他"好学"而"博学"的个人原因，有涵泳于鲁国文化的环境因素，更有他以前中国数千年的历史文化积累这个广阔的文化背景。

鲁国是周公的封国，周公是周朝政治秩序的奠基人。实际上，鲁文化与周文化一脉相承。周初以来，人文理念上升，经过周公"制礼作乐"，礼乐文明成为人们在社会生活中的基本行为规范。由于其封国的特殊性质以及所处的地理环境，鲁国全盘继承了周人的礼乐文化，形成了根深蒂固的礼乐传统，这对孔子产生了极大的影响。

孔子"祖述尧舜，宪章文武"，以继承三代文明为己任，潜心研究礼制。在他看来，周代制度乃是"损益"前代而来，因此，孔子更加尊崇周礼。周代杰出的思想家、政治家周公对孔子影响最为深刻，孔子自称常常梦见周公。当他在周都洛邑考察时，曾十分感慨地说，自己终于知道"周公之圣与周之所以王"了。

礼是鲁国的邦国之本，更是周王朝的江山之基。春秋以来，不少人想到要收拾遗散，重整礼乐传统，孔子便是其中最杰出的代表。孔子"论次"诗书，"修起"礼乐，集合西周以来之文籍及典章制度、伦理道德，逐步构建起早期儒学的思想体系。

孔子为中国历史上第一大圣人。在孔子以前，中国历史文化当已有两千五百年以上之积累，而孔子集其大成。他谦虚好学、学无常师，治国有道、处事有节，正而从政、敬长爱幼，涵泳礼乐、修书传承……儒家学说渊源于此，发展于此。

经典赏读

孔子贫且贱。及长，尝为季氏史，料量平；尝为司职吏而畜蕃息。

——《史记·孔子世家》

〔注释〕 ① 贫：穷苦。② 尝：曾经。

〔赏析〕 孔子少年时，既穷苦又没有地位。成年以后，曾做过仓库管理员，出纳钱粮算量得准确清楚；也担任过管理牧场的小职务，而牧场中的牲口就越养越多。

子曰："三人行，必有我师焉：择其善者而从之，其不善者而改之。"

——《论语·述而》

〔注释〕 ① 行：德行，品行。② 师：师法。

〔赏析〕 孔子说："数人之中，其德行必有我可以师法的：选择其善的地方而师从，那些不好的地方且我也有的就改正。"

知识链接

1. 麒麟玉书

传说，孔子出生前，一只麒麟来到他家，口衔玉书，上面写着"水精子，继衰周而为素王"，意思是孔子是水精子转世，将继承衰亡的周成为素王。颜徵在很惊奇，就将绣绂系在麒麟角上，两天后，麒麟才离去。

麒麟玉书

2. 俎豆礼容

孔子3岁丧父，随母亲搬到鲁国都城内居住（今孔庙东北部）。他自幼喜爱礼仪文化，玩耍时都是摆上用泥土捏成的祭器，仿照大人演习祭祀的礼仪。

六 温故而知新——开创儒学

经典故事

《论语·子罕》记载，孔子在匡地受到当地人的围困，处境危险。他却自信地说："周文王去世后，他的礼乐文化遗产不都集中在我这里吗？上天要毁掉这文化，就不会让我掌握这些文化了；如果上天不愿这文化得不到传承，那匡地人又能拿我怎么样呢？"在遭遇危难时，孔子显然是以古代文化的传承者自居，具有舍我其谁的担当精神。这也是他整理文化典籍，积极投身于教育事业的初心所在。

孔子一生之事迹，主要是从政、教学与整理典籍。由于政治生活较为短促，孔子转而投身于教学之中，"弟子弥众"，他与弟子们共同构成最早的儒家学派，对中国社会历史文化的影响极为深远。

1．创立私学，从事教育

孔子以前，学在官府，教育由贵族垄断。春秋以来，贵族教育没落，王室人才外流，教育事业逐渐走向民间。在这样的背景下，孔子举起了私学的旗帜，开门授徒，取得了孔门"弟子三千，贤者七十有二"的非凡成就。

春秋末年的"礼坏乐崩"引发了孔子对现实的反思。眼见自己的主张不容于无道之世，他转而将救世理想寄望于教育事业。孔子好学而博学，又有鲁国礼乐文化浸润，因此很早就成为"能礼者""达者"。

社会长期动乱，人们对恢复礼治的要求比以往任何时期都要高涨，孔子学说因而受到重视。

孔子初仕为中都宰，由中都宰而司空，由司空而大司寇，还曾为国君"相礼"。他的"学而后入政"之路，对向往晋身上层的平民来说，是一个成功的楷模。于是，无数青年才俊慕名来学，以至"弟子弥众，至自远方，莫不受业焉"。

2．有教无类，因材施教

孔子重视教育，在他看来，人口和财富是基础，在社会民生富足后，就要致力于教化社会人心。在孔子看来，人的天赋秉性相近，因而他提出了"有教无类"的教育理念。

据《论语·述而》记载："子曰：自行束脩以上，吾未尝无诲焉。"句中"束脩"乃"束带修饰"之意。那时，男子从十五岁就要束发，衣冠也要修饰，用以表示成童。孔子这句话应理解为："自行年十五岁以上的，我没有不教诲他们的。"显然，孔子收徒的标准是年龄超过十五岁，这与其"吾十有五而志于学"之说正相契合。现实来说，人在"成童"后，才能明确是非观，形成价值观，树立信仰，修习成人之学。孔子认为，只要满足这一标准，那么无论贵贱贤愚，任何人都可作为教育对象。孔子"有教无类"的主张，使更多的下层百姓受到良好的教育，这对文化下移起到了促进作用。

孔子从事教育的目的在于为社会培养士和君子。他创立的儒家学说，是以修己安人为宗旨的学派。孔子教育弟子做"君子儒"，即以先王之道净化心灵，而不做局限于追求谋生手段的"小人儒"。孔子教学灵活实用，高度关注社会现实，重视提升弟子们的道德素养和担当意识。据《孔子家语》记载，孔子教学，首先教诗、书，并通过孝悌、仁义引导启发，通过礼乐文化感染，最终成就弟子的"文德"。这样一来，孔门弟子中有诸多温润如玉、文质彬彬的君子，成为匡世济民的栋梁之材。

孔子杏坛设教图

因材施教是孔子教学的突出特点。有一次，子路问孔子："闻斯行诸？"意思是：听到就立即去做吗？孔子回答："有父母兄弟在，怎么能听到就去做呢？"另一名弟子冉求也问了同样的问题，孔子却回答他说："听到就立即去做吧。"这样，有一名叫公西华的弟子就疑惑了。孔子告诉他说："冉求平日做事好退缩，所以我给他壮胆；子路的胆量太大，太好胜了，所以要压压他。"一个小案例，孔子灵活实用的教学策略跃然纸上。

另外，孔子教学极重启发诱导，循序渐进。他常用的方法主要有三种，即由浅入深，由易到难；能近取譬，推己及人；叩其两端，以求真知。他要求学生独立思考，举一反三。由孔子开创的启发诱导式的教育方式灵活实用，对今天我们倡导的素质教育极具启发意义！

3. 整理"六经"，传承经典

孔子整理编订并向弟子传授《诗》《书》《礼》《易》《乐》《春秋》等典籍。原本，这些都是作为"王官之学"的文化典籍，由于社会动荡而流落民间，以至于散缺无序。孔子重新整理编订这些典籍并传授弟子，显示出他对传承古代文化的重视。实际上，整理、研究、传授古代文化典籍，贯穿于孔子的整个教学生涯。

以现在的视野来看，"六经"内容深厚而多元。《诗经》主要表达情感，《书经》突出政治性，《仪礼》彰显人的社会性，《乐经》展现人的艺术性，《春秋》反映历史，《易经》含蕴终极关怀。孔子对"六经"的推崇，恰好反映出他对古代文化积累的重视。

孔子及其后学传授"六经"，其目的并不仅仅是让学生记住一些死书，而是要培养学生的人格和政治智慧。《荀子·劝学》《礼记·经解》《庄子·天下》《史记·太史公自序》等文献都谈到了学习"六经"的目的所在。

经典赏读

子曰："巧言令色，鲜矣仁！"
——《论语·学而》

〔注释〕 ① 巧言：花言巧语。② 令色：伪善的面貌。③ 鲜（xiǎn）：少。
〔赏析〕 孔子说："花言巧语，面目伪善，这类人的仁德一定是很少的。"

子曰："不愤不启，不悱不发，举一隅不以三隅反，则不复也。"

——《论语·述而》

〔注释〕　①悱（fěi）：想说又不知道怎么说。②隅：角。③复：重复。

〔赏析〕　孔子说："不到他心里急于知道而不得，我不开导他；不到他想说而说不出来，我不启发他。给他指出了一个角，他却不能推知另外三个角，我就不再重复教他。"

知识链接

1. "清末怪杰"辜鸿铭在《中国人的精神》一书中评价孔子

他挽救了中国文明的图纸和设计……通过挽救他们文明的图纸和设计，他对文明的设计做了一个新的综合、一个新的解释，在这个新的综合里，他给了中国人真正的国家观念——国家的一个真正的、理性的、永恒的、绝对基础。

2. "四书"

"四书"，又称"四子书"，包括《大学》《中庸》《论语》《孟子》，是儒家重要的经典，也是中华文化的宝典。自元代始，至明清，"四书"作为科举考试的内容，成为士子必读之书。"四书"记载了儒家先哲的思想和智慧，蕴含了儒家思想的核心内容。其中很多内容是教育大家如何做人，讲人格的魅力、人生的价值与意义，有深刻的教育意义和启迪价值。

七　修己以安人——内圣外王

经典故事

《论语·颜渊》记载，季康子向孔子求教说："如果杀掉没有道德的坏人，亲近有道德的好人，这种治理方法怎么样呢？"孔子回答说："要治理国家，为什么要用杀人的方法呢？你自己行善，老百姓也就向善了。为政者的道德像风，老百姓的道德就像草，风吹在草上，草必然会顺风倒伏。"

1. 天下为公，讲信修睦

孔子一生孜孜以求的理想，是要使"天下无道"成为"天下有道"。那么，"天下有道"是什么样的社会呢？那就是"天下为公，选贤与能，讲信修睦"的"大同"社会。

在"大同"社会里，所有的人都各司其职、各尽其力。社会成员之间，都彼此真诚相待，互敬互爱，互帮互助，其乐融融。在这样的社会里，老人可以享受安乐，朋友之间充满信任；在这里，年轻人在大家的关怀下成长，他们都胸怀远大的志向。中国社会向来崇尚敬老。其实，这一传统特别重要，毫无疑问，在一个社会中，老年人的生活现状就是青年人日后的处境。如果一个人辛劳半生，老来却不能安度晚年，那么，这个社会中的青年人会作何感想？我们的祖先，通过看似简单的尊老爱幼，将孝悌之道融入到社会生活的各个方面。

孔子倡导"大道之行，天下为公"，用今天的话说，就是鼓励人们提高自己的公共道德意识。人生来就有自然性，但同时又属于群体，具有社会性。在孔子看来，人之所以成为"人"，就是要通过文化的熏陶和提升，改造私心，成为脱离了动物性的人，成为温润如玉、德才兼备的君子。通过君子之才影响政治，引领社会，才能实现"天下有道"的大同世界。

2. 为政以德，德主刑辅

翻开《论语·为政》篇，首句便是"子曰：'为政以德，譬如北辰，居其所而众星共之'"。孔子以此比喻，为政者具有良好的道德修养，以德治国，就会得到公信、赢得民心。

孔子重视德治，主要强调为政者自身的道德修养，而不是自己站在道德的制高点上，强令百姓们讲求道德。在孔子看来，为政主要靠教化，教化的工具就是道德。为政者如何教化百姓呢？就要用他内在的道德外化为美好的行为，用自己的美德感化群众。

一次，季康子请问孔子怎样为政。孔子回答说："政，就是要端正。领导者自身端正了，谁敢不端正呢？"在《论语·子路》篇中，也记载着孔子类似的言论。他说："如果为政者自身正了，对于从政还有什么困难的呢？如果自身不正，又怎么能使别人端正呢？"孔子一再强调为政者的垂范作用，要求为政者端正自身，以身作则，才能更好地治国理民。

这里，孔子观照的是群体，对应的是大多数人。孔子当然知道，还有少数的人难以教化。所以，孔子又主张"德主刑辅"，即要治国理民，首要的是以德教民，让他们自觉地尊礼守法；其次，是用政令来引导民众，再运用刑罚加以控制；最后，遇到那种不服从教育，顽固不化的人，就必须诉诸刑罚了。

必须说明的是，在春秋末年，伟大的孔子就已经阐明"德治"与"法治"的关系问题。孔子儒家认为，法治必须与德治相协调。简单来说，一部良法制定后，如何保证它能够落实呢？这就需要道德素养好的人来执行。所以，孔子首先强调"德治"。

3．推己及人，孝悌仁爱

《论语·里仁》记载，有一天，孔子对弟子曾参说："参，我的道是可以用'一'贯穿起来的。"曾参说："是的。"孔子出去后，其他弟子问曾参："这是什么意思？"曾参回答："夫子的道，就是忠恕而已。"这里，孔子概括自己有一个"一以贯之"的主旨：道。这个道就是"一"，用今天的话说就是整体意识。在孔子的思维里，整体统一、万物一体才是正道，而不是那种非此即彼、二元对立的思维模式。

这里，曾子认为可以用"忠恕"来概括孔子的一贯之道。什么是忠恕之道呢？其实，这就是孔子所强调的"仁"字，即修己安人，推己及人。"忠"可解释为"己欲立而立人，己欲达而达人"，你自己想有所成就，也要想着成就别人；自己想通达，也要帮助别人通达。"恕"就是"己所不欲，勿施于人"，事实上，孔子更加侧重"恕"道。有一次，孔子的弟子子贡求教孔子说："有没有一个字是可以终身奉行的呢？"孔子回答说："那大概就是'恕'吧，自己不想要的，不要强加给别人。"

孝悌仁爱，推己及人，强调的是，人与人之间要将心比心、换位思考。我们不妨把这个思维过程称为"爱心的推演"。孔子说"立爱自亲始""立敬自长始"，我们孝敬自己的父母，敬爱自己的哥哥、姐姐，亲爱自己的弟弟、妹妹。我们都希望自己的亲人幸福，如果他们受到伤害，我们就会伤心难过。有了这样的前提，我们将心比心换位思考，既然自己关心自己的亲人，那别人也同样关心自己的亲人，我们是不是应该互相帮助呢？如果大家都有这样的思维方式，那么，关于老人跌倒了我们"扶不扶"、孩子有危险"救不救"，还会成为激烈争论的话题吗？

不止于此，孔子将人们固有的"亲亲"之情继续延展，"至于鸟兽昆虫"，从而成就人与自然界的和谐相处。古人诗云："谁道群生性命微，一般骨肉一般皮。劝君莫打枝头鸟，子在巢中望母归。"正是孔子这种思想的生动写照。

4．中正不倚、过犹不及

在孔子思想中，"中"是一个十分重要的概念。"中"是儒家的道德准则，也是一种思想方法，是指以不偏不倚、无过无不及的态度为人处世。"中"谓中和、中正，"庸"谓常、用。"中庸"应该叫"中用"，即"用中""使用中道"。中庸思想要求做任何事情都要合理适度，处理问题恰到好处。

在孔子眼里，中庸是"至德"，是人生的最高境界。《中庸》就说："致中和，天地位焉，万物育焉。""天地位"就是天地各安其位，象征着和谐；"万物育"就是万物并育，代表着发展。《中庸》又说："中也者，天下之大本也；和也者，天下之达道也。"从根本上说，孔子所说的"中道"既是社会稳定之道，又是社会发展之道。

近代以来，人们对于孔子儒家所尊崇的中庸之道，往往望文生义地解释为折中主义、中间主义的"老好人""和稀泥"。更有人甚至将中国近代落后挨打归罪于"中国人太中庸了"。事实上，这是因不了解孔子及其思想而误解了中庸之道。孔子称不明是非、不讲原则的老好人为"乡愿"，说他们是"德之贼"，对他们显然是持批评态度的。

据《论语·先进》篇记载，有一次，子贡问孔子："子张和子夏两个人，谁更优秀一些呢？"孔子回答说："子张呢，做事情有些过头；子夏恰恰相反，他做事情有些赶不上。"子贡说："那是不是子张更优秀呢？"孔子说："过头和赶不上同样不好。"这就是"过犹不及"的来历。据记载，子张的性格有些自大，甚至有些偏激；而子夏有些保守狭隘，处理问题过于拘泥。在孔子看来，他们两个人都没有做到中庸。孔子要求人们恪守中庸，不走极端，"无过无不及"，做事情力求恰如其分，保持和谐状态。

中庸就是用"中"来处理事情，力求中正不倚，无过无不及。如何做到呢？简言之，就是要符合"礼"。孔子说："礼也者，理也。"做任何事情都要讲"理"。做事要恰到好处，不仅要公平合理，而且要考虑其社会影响。让我们来看一个故事：当时，鲁国有法律规定，只要从其他诸侯国赎回做奴仆的鲁国人，就可以从鲁国府库里领取钱财。有一次，子贡赎回了奴仆，却推辞不收取钱财。孔子知道后，说："这是子贡的过失呀。圣人做一件事，可以通过它化民成俗，用来教育人们，而不是适合自己而已。现在，鲁国富人少而穷人多，如果大家都认为赎人后再领取钱财就不高尚的话，那么谁还会再去赎人呢？"子贡赎人不取钱财，一般人看来，真是高风亮节；孔子却从鲁国人的实际出发，看到了其中的弊端。我们在生活中，常常会遇到"好心办坏事"的情况，是不是应该好好汲取中庸的智慧呢？

要把握中庸，就必须具有"知时"和"知权"的理念。何为"知时"？《论语·乡党》中有一个故事。一天，孔子和子路一起在山间漫步。有一群野雉被惊吓地四处乱飞。它们在空中盘旋审视了一阵子，又停落在树上。孔子见此情形，感慨说："停在山梁上的野雉，真是知'时'啊！"子路听到孔子赞赏野雉知"时"，就冲着野雉拱拱手，野雉们就又飞走了。这里，孔子赞赏的是野雉们的"识时务"，我们常说"识时务者为俊杰"，就是这个意思。何为"知权"？"权"就是秤砣，它不会一直固定在秤杆上的一个点上，而是随着物体的重量而随时变动，从而取得平衡。引申开来，就是"知权"，要根据不同的情势做出相应的选择，把事情处理得当，善于权衡利弊。

孔庙中的"圣时门"

经典赏读

子曰："为政以德，譬如北辰，居其所而众星共之。"

——《论语·为政》

〔注释〕 ① 以：介词：用。② 所：处所、位置。③ 共（gǒng）：通"拱"，环绕。

33

〔赏析〕 孔子说："凭着自身的道德修养治理国家，就会像北极星那样，自己处在一定的位置上，众星都环绕着它。"

子路问政。子曰："先之，劳之。"请益。曰："无倦。"

——《论语·子路》

〔注释〕 ① 益：增加。② 倦：厌倦，松懈。

〔赏析〕 子路问政治。孔子说："自己先做到勤政，然后再使老百姓勤劳。"子路进一步求教。孔子说："永远不要懈怠。"

知识链接

命名荣贶

孔子20岁时，儿子出生，鲁国国君赠送鲤鱼祝贺。为感念国君的恩赐，孔子给儿子取名为鲤，字伯鱼。后世子孙为避孔鲤的讳，将鲤鱼称作"红鱼"。

学以致用

1. 观看电影《孔子》或者话剧《孔子》，写一篇观后感，在课堂上和大家一起分享；也可以选择剧中的一个场景，排练成一个小剧本，在班级微信群播放，大家相互学习，让孔子的思想在职业院校进一步发扬光大。

2. 在班内举行《诗经》诵读活动，让经典永流传，从中体会孔子所说的"不学《诗》，无以言"的深刻意义。思考作为职业院校的学生，在大力弘扬传统文化的今天，我们应做好哪些工作。

第三单元 先秦儒家群星耀世

巍巍中华，荡荡德风，穆穆文庙，熠熠儒行。孔子创立儒家学派，史称"弟子三千，贤者七十二人"。孔子与孔门弟子共同组成了先秦儒家群体。这个群体曾经那样意气风发，那样引人瞩目。

济济多士，唯道是弘。古今会通，以昌以隆。遥想当年，孔子弟子围绕在孔子的周围，或弦歌于"杏坛之上"，或"习礼于大树之下"，或在颠沛流离的"周游"途中患难与共……孔子逝世后，孔门弟子或从政，或经商，或授徒讲学，或著书立说，以弘扬儒学为己任，用各种方式宣扬孔子学说。孔子思想依靠孔门弟子的宣扬得以流传后世、发扬光大，成为战国时期的"显学"，奠定了儒学在中国文化中的主流地位。

八　群贤荟萃——孔子与孔子弟子

经典故事

据《孔子家语·终记解》记载，孔子逝世后，孔子弟子们十分悲痛，他们聚集在一起，共同商讨应该如何为夫子服丧。子贡说："之前，我看到夫子为颜回办理丧事时，就好像是为亲生儿子办理丧事一样，但是却不穿丧服。子路去世时，夫子对待他的丧事也是一样的。现在夫子去世了，我们就像为父亲服丧一样吧，但也不需要穿丧服。"于是，孔子的弟子们在孔子墓旁守孝3年，虽然没有穿孝服，但心里都很悲伤。

孔子与弟子们的关系极为融洽亲密，孔子对弟子们关怀备至，视弟子"犹子"，弟子们也待师"犹父"，人称他们为"拟血缘亲"关系。

1. 开门授徒，名徒弥众

孔子的理想在于济世救世，希望建立礼乐大行、充满仁爱的"大同"社会。为推行自己的主张，寻求志同道合者，培育德才兼备的新君子，孔子创办私学，开门授徒。随着孔子的声名日益远播，孔门规模越来越大，"弟子弥众，至自远方"。

平日里，孔子与弟子之间教学相长、友爱互助，亦师亦友，感情笃深。

孔子办学"有教无类"，将私学的大门全面向"志于学"的人敞开，不分贵贱、无论贫富，凡是有心向学的人都可以从师受业、接受教育，以至于有人感慨："夫子之门何其杂也！"

虽然孔子的学生多而杂，但孔子能够成功地教之成才，体现了他教育思想的博大和教学艺术的高明。孔子熟知弟子们的天赋秉性，因而在教学时，他往往因人而异，用适当的方法教学育人。有一天，子夏请教孔夫子说："颜回的为人怎么样？"孔子说："在诚信方面，颜回做的比我好。"子夏又问："那子贡呢？他的为人怎么样呢？"孔子说："子贡比我机敏聪慧。"子夏接着问："子路又有什么特点呢？"孔子说："子路是一位勇士，他比我勇敢。"接下来，子夏又问："子张属于什么性格呢？"孔子说："子张在庄重方面比我强。"这时候，子夏离开席位，请问孔子："但是为什么他们四人都跟先生您学习呢？"孔子说："你坐下，我告诉你。颜回虽然讲诚信，却不能灵活地变通；子贡机敏灵活，却从不委屈自己；子路很勇敢，却不懂得避让；子张非常庄重，却不合群。他们为人的优点虽然是我不能及的，但是我没有他们的缺点。这就是他们一心向我求学的原因。"因为了解弟子，所以孔子总能引导弟子们克服缺点、发扬长处。

孔子善待弟子，弟子们对老师则崇敬有加，他们珍视师说，随时记录夫子的"善言嘉语"，对夫子的品行学说，极力护卫之、宣扬之。有一次，鲁国大夫叔孙武叔毁谤孔子，子贡得知后，很不高兴地说："叔孙武叔这么做，是没有任何用处的！孔夫子是任何人都毁谤不了的。比如，有的人很贤德，就像那大山一样，但还是可以超越的；而夫子的贤德好比天上的太阳和月亮，是我们永远无法超越的。即使有人要自绝于太阳和月亮，可那对太阳和月亮有什么损害呢？不过表明他不自量力而已。"这里，子贡将孔子比喻为日月，说老师像日月一样不可逾越，是谁也毁谤不了的。事实上，子贡所表达的正是孔子弟子们的共同心声。

孔子和他的弟子们是一个行道的群体。他们积极推行仁爱礼治的主张，希望天下有道。在他们的影响下，鲁国民众服膺儒学，形成了尊敬儒生，推崇儒家学说的社会风气。

2. 复圣颜回，尊师重道

颜回，字子渊，春秋末年鲁国人。颜回比孔子小三十岁，他品格高尚、学识渊博，被称为孔子最为得意的弟子。孔子教学，分德行、言语、政事、文学四科。其中，排列在德行一科最前面的就是颜回。后儒尊颜回为"复圣"，列为七十二贤之首。

颜回家境贫寒，生活十分窘迫；但他安贫乐道，勤奋好学，乐此不疲。孔子就曾称赞颜回说："颜回真是贤德呀！一筐饭，一瓢水，居住在简陋的小巷中，人们都不能忍受这贫困清苦的生活，颜回却丝毫没有改变他好学的乐趣。贤德呀，颜回！"孔子极为赞赏安贫乐道的精神，在他看来，"德之不修，学之不讲，闻义不能徙，不善不能改，是吾忧也"。孔子忧乐所系，不在富贵利达，而在道德学业。颜子对孔子的忧乐观领悟至深，并切身践行，居住陋巷，箪食瓢饮，终身不改其乐。

如孔子一样，颜回青少年时代就好学不辍。初学于孔子时，他从不谈反对意见，而且连一个疑问也没有，就好像是一个愚蠢的人。可是后来，孔子发现他沉稳踏实，对于师说不仅能够领会贯通，而且还能有所发挥。事实上，颜回天资聪颖，学习勤奋，善于思考，他"不迁怒，不贰过"，连能言善辩、以"言语"著称的子贡也自叹弗如。《论语·公冶长》篇记载这样一则故事。孔子问子贡说："你和颜回比较，谁的悟性更高些呢？"子贡回答说："我怎么敢和颜回比呢？他得知一件事，可以推知十件事；我得知一件事，只能推知两件。"孔子说："是不如他，我和你都不如他。"

尊师重道是颜回德行中最为突出的一点。孔子曾说："颜回看待我如同父亲一样啊。"颜回对孔子崇信至极，一生从未离开过孔子。颜子不仅本人敬重老师，而且影响了其他孔门弟子。对此，孔子深有体会，他说："自从有了颜回，学生们和我越来越亲近。"颜子"安其道而亲其师"，对孔子的思想领悟最深。当孔子师徒被围困时，颜回对孔子说："老师您的学说博大精深，天下没有容纳您之处。虽然如此，老师还是推广并实践自己的主张。您的学说不被重用，是各国诸侯的耻辱，老师您又何必忧愁呢？您的学说不被容纳，这样才显示出君子的本色。"

孔子不轻易以"仁"许人，但他却明确地说颜回是仁人。在《论语·雍也》篇中，孔子说："颜回的心可以长时间不离开仁德，其余的则只能在短时期内做到仁而已。"国学大师钱穆先生说颜回能"以仁为安宅"，正是赞誉其对道德至高境界的身体力行。后世称颜回的境界为"颜子精神"或"德性之乐"。

3. 宗圣曾子，慎独修身

曾子，名参，字子舆。春秋末年鲁国人。在孔子众多的弟子当中，曾子是道德学问比较全面的一位，他尤其强调"省""信""孝"等方面的修养。曾子上承孔子，下启子思，是孔子弟子中发展孔子学说的重要代表之一，后儒尊其为"宗圣"。

　　《史记·仲尼弟子列传》记载，曾子"少孔子四十六岁"，属孔子弟子中年龄较小者。他勤奋好学，颇得孔子真传。如前文所述，孔子表示可用"一"字贯穿自己的学说时，特意示意曾子，其后众弟子皆向曾子请教夫子之意。由此可见，曾子深得孔子"正学"。

　　曾子特别注重内心的修省，他有一段话家喻户晓、耳熟能详："吾日三省吾身：为人谋而不忠乎？与朋友交而不信乎？传不习乎？"宋代大儒朱熹曾说："日省其身，有则改之，无则加勉。"这正是儒家最为重视的修己问题。曾子所强调的这种无须外人强制，主动发自内心的自我反省，也是他修养方法最突出之处。相传《大学》为曾子写定，《大学》中提出了君子"慎其独"的说法。所谓"慎独"，就是一个人独处时，也不要做出违背道德之事来。"慎独"强调意念真诚，不要自欺欺人。曾子认为，内心的真实一定会通过外表表现出来。他说："众人眼睛都看着你，众人手指都指着你，这是多么严肃可畏啊！"所以，君子修己一定要意念真诚，品德使自身受益，心胸宽广则身心舒泰。"省身"与"慎独"都是道德素养很高的表现。

　　曾子重"信"，他"杀猪教子"的故事被传为千古美谈。据《韩非子·外储说左上》记载：曾子之妻为哄骗孩子不跟自己去集市，答应回来杀猪给他吃。但回来之后，她又说是"与婴儿戏耳"。曾子很严肃地批评妻子，告诉她如果不守诚信，会给孩子造成不好的影响。于是，他决然杀了猪给儿子吃。由此可见，曾子对与人交往时的"信"格外重视。

　　曾子以"孝"著称。据说《孝经》即出于曾子。《论语·学而》篇记载，曾子说："慎重对待父母亲的丧事，追念祭祀远代先人，这样就会醇化社会风气，使人民的道德变得仁厚起来。"在曾子看来，"孝"是化民成俗的基本的、重要的手段，人们由孝亲而培育"爱"与"敬"之心，德行也会趋向敦厚，从而使天下安定和谐。曾子理论上重"孝"，在现实生活中，他也是一个不折不扣的孝子。《孔子家语·六本》篇有一则故事。曾子锄坏了一棵瓜苗，被父亲打得昏死过去。他醒来后反倒安慰父亲，回屋后又弹琴唱歌，让父亲知道他身体无恙。他的这种行为，有点近似于"愚孝"，在当时就受到孔子的严厉批评。孔子责备他不顾身体，在父亲暴怒时不知躲避，这是让父亲陷于不义之地。曾子幡然醒悟，立即向孔子认错。关于曾子孝亲的故事还有很多，如"曾子不吃羊枣""曾子不入胜母之间"，等等。曾子的"孝"亲言行，始终贯穿着一个"敬"字。因此，曾子能够成为以"孝"彪炳千秋的典范。

曾子在孔子弟子中年龄较小，去世较晚，又是子思的老师，影响较大。由曾子及其弟子所组成的"洙泗学派"，被视为孔门后学中发展孔子学说的重镇之一。

经典赏读

德行：颜渊、闵子骞、冉伯牛、仲弓。言语：宰我、子贡。政事：冉有、季路。文学：子游、子夏。

——《论语·先进》

〔注释〕　① 政事：治国之政。② 文学：先王典籍文献。

〔赏析〕　在孔子的学生中，品行最好的有：颜渊、闵子骞、冉伯牛、仲弓。长于辞令的有：宰我、子贡。擅长处理政事的有：冉有、季路。熟悉了解古代文献的有：子游、子夏。

曾子曰："士不可以不弘毅，任重而道远。仁以为己任，不亦重乎？死而后已，不亦远乎？"

——《论语·泰伯》

〔注释〕　① 弘：一说宏大，一说宽广。② 毅：刚毅。

〔赏析〕　曾子说："士不可以不宏大刚毅，担子沉重而道路遥远。把实现仁德于天下作为自己的责任，不是很沉重吗？到死才能停止，不是很遥远吗？"

知识链接

1. 观周明堂

孔子参观周天子的明堂，看到四门的墙上画着尧舜和桀纣的形象，还有周公抱着成王接见诸侯的图像，对跟随的人说："这就是周朝兴盛的原因啊。"

2. 四子侍坐

子路、曾点、冉有和公西华陪侍孔子。孔子要他们谈谈各自的志向。子路志在强兵，冉有志在治国，公西华志在主持国家礼仪，曾点志在教化。孔子表示赞同曾点的志向。

文庙释典礼

九　昭明祖业——述圣子思

经典故事

　　有一天，孔子在家闲居，喟然而叹。此时，他的裔孙子思尚年幼。没料想，子思见此情形，竟对爷爷拜了两拜，然后恭恭敬敬地对孔子说："您是担心子孙不贤，将辱没了祖先吗？钦羡尧舜之道，但遗憾的是无法赶上那个时代吗？"孔子见子思有如此识见，惊奇地问："你这个小孩子，怎么会知道我的志向呢？"子思说："我自幼听您教诲，'父亲砍柴，儿子不能把柴背回家，就是不肖'。我每念及此，都感到责任重大而不敢松懈。"子思的话令孔子大喜过望，他欣然而笑，感慨道："真的这样吗？那我没有什么可担忧的了！后世子孙不废弃祖业，应该会昌盛吧。"

　　孔子胸怀济世理想，却生不逢时，列国诸侯急于兼并战争，孔子学说难以见用于世。晚年时，他又遭丧子丧徒之痛。或许最值得他欣慰的，就是他的裔孙子思。子思昭明祖业，成为一代儒宗，昌大了孔子的学说。

1. 述圣子思，彰显正学

　　孔伋，字子思，春秋战国之际著名的思想家。子思天资聪颖，曾直接受教于孔子，后又学于曾子、子夏、子游等孔门高足。他承袭祖业，发扬儒家"正学"，成为战国初期儒家学派的领袖，被后儒尊为"述圣"。

　　子思自幼受孔子之教，后又受业于曾子，是儒家学派的正宗传人。但对于子思是否得孔子真传，在当时就有人提出疑问。据《孔丛子·公仪》记载，有一天，鲁穆公对子思说："你的书中记载关于孔夫子的言论，有人提出质疑，他们认为有可能是你自己的言辞。"子思回答："我所记祖父的言论，有的是亲自听到的，有的是从别人那里听来的，虽然不一定全是祖父的原话，但却没有偏离他的原意。国君您怀疑的是什么呢？"鲁穆公说："对任何事情都没有任何疑问吗？"子思接着说："对事情没有疑问，这样才得到我祖父的真意啊！就如您所说的那样，以为是我自己的言辞呢。我的言辞没有疑问，正是应该值得看中的啊。事情既然不是这样，又为何怀疑呢？"有人怀疑子思假托孔子语来宣扬自己的言论，而子思对此进行反驳，言辞率直而雄辩，彰显出儒家"正学"的真精神。

2．内修心性，承孔启孟

子思立志昭明祖业，一生致力于继承发展孔子学说，开启了儒家心性论的先河。需指出，子思曾专门将孔子言论辑录整理。有学者研究指出，《论语》《孔子家语》的最初编订者极有可能是子思。

子思有儒学领袖风范，又有孔子嫡孙的特殊身份，声名日益扩大，在当时吸引许多人前来从师学艺。其中，如胡毋敬、县成、申祥、曾申等弟子，都通过在子思门下读书学习，取得了非凡的成就。于是，在孔子去世后，以子思为中心，形成一个重要的儒家派别——子思之儒。

孔子、曾子强调诚与讲信，他们的着眼点在于内修、在于心性，他们所讲的"心性诚信"对子思的诚信与内修理论有着根本性的影响。据《孔丛子·记问》篇记载，子思曾请教孔子说："事物有不同的种类，事情有真假，必须要仔细地探究，如何来分析呢？"孔子说："用心。内心的精神可以通达事理，不被事物的表象所迷惑。"另外，《圣门十六子书》也有记载说："子思从曾子受业，诚明道德，有心传焉。"子思早年直接受孔子教诲，又受学于曾子，他的诚信与内修理论与孔子、曾子的理论也上下贯通。

子思注重内修，因而在政治上刚傲不屈、忠义诚信。《孔丛子·抗志》记载着一则故事。曾申请教子思说："应当委屈自己以伸张道义，还是坚守志节而忍受贫贱？"子思说："与其委屈志节来求取富贵，不如坚守气节而甘愿贫贱。委屈志节必然受制于人，而坚守志节则无愧于道。"子思以道事君，他说："恒称其君之恶者为忠臣。"这恰是他本人忠臣品格的体现。

孔子学说经曾子传子思，子思的门人再传孟子。后人把子思、孟子一系合称为"思孟学派"。子思上承孔子"中庸"之道，下开孟子"心性"之学，在孔孟"道统"传承中起着桥梁作用。

3. 弘扬孔学，正解中庸

子思继承和发扬了孔子的中庸思想，建立了以中庸为核心的思想体系。孔子将"中庸"思想视为"至德"，子思昭明祖业，写定《中庸》一书，由于其特有的深邃性，在传统的"四书"之中，《中庸》堪称最具哲学意味的著作。

《中庸》一书开宗明义："天命之谓性，率性之谓道，修道之谓教。道也者，不可须臾离也；可离，非道也。"认为事物的本质和规律称为性，按照事物本性和规律行事就是道，人们学习道的本旨就是教化。道要时刻坚守，如果有所违背，就不是遵道而行了。中庸之道要求人们从天地原理出发来认识人生，通过不断接受教化，从而做事情遵循事物内在规律，使社会和谐、万物并育。所以，子思说："中也者，天下之大本也；和也者，天下之达道也。致中和，天地位焉，万物育焉。"遵循中庸之道，天地各安其位，各司其职，万物就得以自然生长发育。

中庸之道主张"万物并育而不相害，道并行而不相悖"，讲求和而不同。近来，中国提出"推动不同文明交流对话，不能唯我独尊""绿水青山就是金山银山""和平犹如空气和阳光，受益而不觉，失之则难存"等理念，都有鉴于中庸的智慧。对于处理不同文化的关系问题，著名社会学家费孝通先生曾写下16字箴言："各美其美，美人之美，美美与共，天下大同。"或可视为对中庸思想的现代阐释。

子思讲"修己"，最看重"诚"，认为"诚者，天之道也。诚之者，人之道也"。如《大学》一样，《中庸》也提出"慎独"，也就是追求人的内在真诚，进而造成真诚的秉性。儒家反对巧言令色、言而不行，推尚"和而不流""中立而不倚"的君子之风。所以，以孔子和曾子心性学说为基础，子思从身心性命的深度思考了内修与诚信的问题。子思论修身，注重内求，求之于自心，心要至诚。在子思看来，"诚"是天地万物的根源所在，只有"至诚"才能尽人之性、尽物之性，赞天地之化育。

经典赏读

凡事豫则立，不豫则废。言前定则不跲，事前定则不困，行前定则不疚，道前定则不穷。

——《礼记·中庸》

〔注释〕　①豫：预备，事先准备。②跲（jiá）：窒碍。③疚：内心不安。

〔赏析〕 任何事情，事先有准备就会成功，没有准备就会失败。说话先有准备，就不会语言不畅；做事先有准备，就不会困窘；行动先有准备，就不会后悔；道路预先选定，就不会走投无路。

唯天下至诚，为能尽其性；能尽其性，则能尽人之性；能尽人之性，则能尽物之性；能尽物之性，则可以赞天地之化育；可以赞天地之化育，则可以与天地参矣。

——《礼记·中庸》

〔注释〕 ① 唯：唯独，只有。② 参：通"叁"，即"三"。

〔赏析〕 只有天下极其真诚的人，才能充分发挥他的本性；能充分发挥他的本性，就能发挥众人的本性；能充分发挥众人的本性，就能发挥万物的本性；能充分发挥万物的本性，就可以帮助天地化育生命；能帮助天地化育生命，就可以与天、地并列为三了。

知识链接

1. 过庭诗礼

孔子在庭中独立，儿子孔鲤从庭前穿过。孔子叫住他问学习《诗》了没有，孔鲤说还没有。孔子教育他"不学诗，无以言"，孔鲤于是回去学习《诗》。又有一天，孔子问孔鲤学习《礼》了没有，孔鲤说没有。孔子教育他"不学礼，无以立"，孔鲤就回去学习《礼》。学《诗》、学《礼》被孔氏家族奉为祖训。

2. 杏坛礼乐

孔子回到鲁国，鲁国不用孔子。孔子也不再出仕，每天坐在杏坛上鼓琴，与弟子们叙《书》传《礼》，删《诗》正《乐》，赞《周易》。杏坛成为万世立教的第一圣地。

十　继往开来——亚圣孟子

经典故事

　　有一天，孟子觐见梁惠王。梁惠王问："老先生不远千里来到我魏国，那对我的国家会有很大的利益吧？"孟子答道："您何必谈利益呢？只要讲仁义就行了。您说'怎样才对我的国家有利'，大夫也说'怎样才对我的封地有利'，士人和百姓也都说'怎样才对我本人有利'，这样，上上下下互相追逐私利，国家就危险了。在拥有一万辆兵车的国家里，杀死国君的，一定是拥有一千辆兵车的大夫；在拥有一千辆兵车的国家中，杀死国君的，一定是拥有一百辆兵车的大夫。在万乘中取得千乘，在千乘中取得百乘，这样不能不算多了。但是，如果大夫们重利轻义，那他们就永远不会满足。从来没有讲仁的人却抛弃父母的，也从来没有讲义的人怠慢君王的。所以，您只说仁义就行了，何必说利呢？"

1. 孟母教子，孟子受业

　　孟子名轲，战国中期邹国人。孟子幼年丧父，主要由母亲抚养并教育他成人。孟母通晓礼仪，由于教子有方，她成为中国历史上"贤母"的典范。应当说，她对孟子的影响是相当深远的。

　　孟轲孩提时代，家住在坟地不远处，因此经常看到办理丧事的活动，于是，孟轲总喜欢玩办理丧事的游戏。孟母担心对孟轲影响不好，就把家迁到了集市旁边。可是，年幼的孟轲又开始学商贩叫卖，孟母见后，忧心忡忡，于是再次搬家。这次是搬到学校附近，受学校环境的熏陶，孟轲和小伙伴摆设碗盘作为礼器，学习鞠躬行礼及进退的礼仪。从此，孟母就定居在这里。这就是"孟母三迁"的故事。孟母重视环境对人的影响，希望孟子能够受到好的熏陶和教育，所以才三易其居。

孟轲少年时贪玩，不爱读书，有一次，孟母责问他，他仍然一副漫不经心的样子。当时，孟母正在织布，就用刀把布割断，孟轲惊慌失措，孟母趁机教育他说："你荒废学业，就像割裂织布机上的布一样。要你读书，增长知识，将来有所成就。你现在不努力读书，以后只能做劳役，难以避免祸患。"孟轲认识到自己的过错，从此日夜勤学不辍，终成一代大儒。又传，孟轲年轻时曾经有过休妻的想法：一天，孟轲回到家中，入室见妻子姿态不端，于是请示孟母说："妻子无礼，我要休妻。"孟母问："为什么？"孟轲说："坐姿不雅。"孟母又问："你怎么知道的？"孟轲回答："我进去时看到的。"于是，孟母批评孟子说："这是你无礼，而不是你妻子无礼。礼制规定，进门时，要问谁在家里；上堂时，要发出声响；进入屋内，目光要向下，不能让人没有准备。你冒然进屋，才看见你妻子失礼。违礼的其实是你，而不是你妻子。"孟轲顿然醒悟，责怪自己鲁莽失礼，不敢再提休妻之事。

孟子私淑孔子，推崇子思，《史记》记载他曾受业于子思的弟子。孟子通晓儒家典籍，尤其长于《诗》《书》《春秋》，他的思想与子思一脉相承，进而形成对后世影响极深的"思孟学派"。孟子十分赞赏子思不卑不亢的处世态度。孟子说："鲁穆公问子思说：'古代拥有千辆兵车的国君若同士人交朋友，是怎样的呢？'子思不高兴，说：'古人的话，是说国君以士人为师吧，怎么能说是交朋友呢？'子思之所以不高兴，难道不是这样的意思吗：'论地位，你是君主，我是臣下，臣下怎么敢和君主交朋友呢？论德行，你是要向我学习的人，又怎么能和我交朋友呢？'拥有千辆兵车的国君求他交朋友都做不到，更何况召唤呢？"（《孟子·万章下》）孟子倾慕子思，又认为曾子与子思同道，说明他与曾子、子思在思想上、精神上有某种契合。

2. 富民教化，王道仁政

孟子"仁政"学说的纲领在于"明君制民之产"，在他看来，要推行王道政治，必先"富民"。

《孟子·梁惠王上》记载了孟子与齐宣王的一段对话。齐宣王请教孟子说："我不明智，对您的仁政理想不能再有更深层的体会，恳请老先生帮助我完成志向，明确地教导我。我虽不聪敏，但无妨尝试一下。"孟子说："没有固定产业收入却有长久的道德观念和行为准则的，只有士人才能够做到。对于普通百姓，没有固定的产业收入，也就没有长久的道德观念和行为准则。一旦这样，就容易违法乱纪，胡作非为。等到犯了罪，然后惩治他们，这相当于预设罗网陷害百姓。所以贤明的君主划定给老百姓的产业，一定要使他们上足以赡养父母，下足以抚养妻儿。收成好的年份，丰衣足食；荒年也能免于死亡。然后再对百姓进行教化，百姓就很容易听从了。"孟子主张"制民之产"，接着又强调教化社会人心，民生富足仅是"王道之始"，最终，"化民成俗"才是王道政治的实现。这与孔子"富之，教之"的社会政治理路一脉相承。今天，我们提出"立起来，富起来，强起来"的论断，与孔孟的治民之道正相契合。

为了实现"王道""仁政"，孟子孜孜以求，提出"王霸之辩"，提倡"王道"政治，"王道"理论的核心便是仁德。他指出："依仗武力、假借仁义者可以称霸诸侯；依靠道德来施行仁政者则会使天下归服，而且，这样做不必以强大的国家为基础。"接下来，孟子举例说："商汤仅有方圆七十里土地，周文王凭借方圆百里的土地，都因实行仁政而取得天下。武力能使人服从，却不会让人心服；仁德却会使人心悦诚服，就如同七十二弟子遵从孔子一样。"这里，孟子阐明，霸者以力服人，但无法收服人心；王者以德服人，才会使人真正归服。

胡适先生曾评价说："孟子的政治学说很带有民权的意味。"梁启超先生也将孟子定位为民权主义者，因为孟子主张国君应以民意为进退，以顺从民心为标准。事实正是如此。孟子认为："得天下有道：得其民，斯得天下矣。得其民有道：得其心，斯得民矣。得其心有道：所欲与之聚之，所恶勿施尔也。"要取得民心，就必须以民为本，与民同乐。以此为前提，孟子提出了"民为贵，社稷次之，君为轻"的主张。

另外，尊贤重士也是孟子"仁政"的重要内容。他认为，国君要"王天下"，就必须使"贤者在位，能者在职"。

3. 亚圣大功，其言性善

性善论是孟子仁政学说以及伦理学说的理论础石。宋代理学家程颐说："孟子有大功于世，以其言性善也。"今人韦政通说："孟子是就人心之善来印证人心之善的。"任继愈说："孟子第一个提出了系统的人性善的理论。"性善论的提出，是孟子在儒家思想发展史上的重大贡献。

孟子通过人与禽兽的区别来界说"性"。他认为，"性善"是区别人与禽兽的根本标志。在《孟子·公孙丑上》中，孟子以"孺子"即将掉入井中为喻，说明：人忽然看见这一幕都会担心孩子的生命安全，马上生出惊恐、同情的心情，这其实发自人的本性，既不是为了与孩子的父母攀结交情，也不是要在邻里朋友中博取名声，更不是厌恶那小孩的哭声才这么做的，而是一刹那出于本能的想法。由此看来，人皆有恻隐、羞恶、辞让、是非四端之心。孟子将恻隐之心、羞恶之心、辞让之心、是非之心与仁、义、礼、智"四德"相对应，认为恻隐之心是仁之端，羞恶之心是义之端，辞让之心是礼之端，是非之心是智之端。"四端"人人皆有，如果能够扩充它们，便足以安定天下；如果不能够扩充它们，就连赡养父母都成问题。

据《孟子·告子上》记载，在与告子的辩论中，孟子形象地阐发了其性善论。告子说："人的本性好比急流之水，从东方开了缺口就向东流，从西方开了缺口就向西流。人没有善不善的定性，犹如水没有东流西流的定向。"孟子反驳说："水诚然没有东流西流的定向，难道也没有向上或者向下的定向吗？人的本性是善的，正像水向低处流一样。人没有不善的，水没有不向下流的。如果水受拍击而飞溅起来，它可以高过人的额头；阻挡水使它倒流，可以引上高山。这难道是水的本性吗？是情势使它如此的。人之所以做出不善的行为，也是因为受到外在情势的影响。"告子以水为喻，说明人无所谓善或者不善，都是由外力决定的。孟子给予有力反驳，水在自然的状态下应该是向下流的。外力决定的水的流向已不是水的本性。而人性之善与水之就下的道理是一样的。孟子并不否认人有不善的事实，但他认为这与人性无关，都是由外界环境的影响造成的。

孟子称孔子为"圣之时者"，认为"自生民以来，未有盛于孔子也"。孟子一生以捍卫、发扬孔子学说为己任，聚徒讲学，将"得天下英才而教育之"视为人生最大的快乐之一。后儒尊他为"亚圣"。

经典赏读

孟子曰："以善服人者，未有能服人者也；以善养人，然后能服天下。天下不心服而王者，未之有也。"

                                ——《孟子·离娄下》

〔注释〕　善：仁、义、礼、智四端之心。

〔赏析〕　孟子说："强行用善来让人信服，没有能使人信服的；用善来熏陶、涵养人们的德行，才能让天下人从心里折服。不使天下的人从心里信服却能够称王的人，从来没有出现过。"

孟子曰："大人者，言不必信①，行不必果，惟义②所在。"

——《孟子·离娄下》

孟庙中的"继往圣"坊

〔注释〕　①必：一定。②义：道义。

〔赏析〕　孟子说："有德行的人，说的话不一定都做到，做事也不一定善始善终，只要符合道义就可以了。"

知识链接

1. 闻诛一夫

据《孟子·梁惠王下》记载，齐宣王请教孟子说："成汤流放夏桀、武王讨伐殷纣王，有这回事吗？"孟子回答："史籍上有这样的记载。"齐宣王说："以臣弑君，可以吗？"孟子答道："毁弃仁的人叫作贼，破坏义的人叫作残，残贼之人叫作独夫。我只听说过武王诛杀了独夫殷纣王，没听说过他弑君。"

2. 穷达以时

《孟子·尽心上》："穷则独善其身，达则兼善天下。"后来演变为"穷则独善其身，达则兼济天下"。意思是穷困的时候能保持好自己良好的德行，得志的时候使天下的人都好起来。如果人身处逆境不得志，就要锐意进取，更多地注重自身品德和能力的提高。对于我们职业院校学生来说，发扬工匠精神，努力拼搏，多学技能并不断创新，是非常必要的。

十一　隆礼重教——大儒荀子

经典故事

　　有一天，荀子见到秦国相国范雎。对于治理秦国的业绩，范雎满怀自信。他问荀子："到秦国都看见了什么？"荀子赞叹说："朝廷安闲又能做好工作，政令简约而能掌握各方面的情况，政事不烦琐却有很高的功效，这是治国的最高境界，秦国现在就如此。"说到这里，荀子话锋一转，他说："虽然如此，却仍要有所畏惧。秦国不崇尚儒学，这是最大的弊端。治国理政，全用儒术就能成就王业，部分运用儒术能成就霸业，丝毫不用儒术来治理国家，国家就会灭亡。"

1. 大儒荀子，稷下游学

　　荀子名况，战国末期赵国人。荀子生活在战国末期的中晚期，在这种战乱频仍和百家争鸣的时代，荀子博采众长以充实自己的学说。最重要的是，他从礼学的角度极大地扩展了儒学的内涵，使得儒家内圣外王之学变得更加坚实。与同时期其他儒家人物相比，应该说，荀子学说与社会现实更加切近。后世称荀子为"先秦最后的大儒"，这是符合历史实际的。

　　在当时，齐国比较强盛，为了扩大政治影响，齐国的威王、宣王开设稷下学宫，广招天下的贤士，尊他们为"士大夫"并授"上大夫之禄"，让他们议论国事、著书立说，但不问政事。在这里，无论学术派别、思想观点、政治倾向，以及国别、年龄、资历等如何，大家都可以自由发表自己的言论，从而使稷下学宫成为当时各学派荟萃的中心。荀子来稷下游学时，稷下学宫已成为当时的文化交流中心，其学士之盛，最多时达到上万人。

　　荀子私淑孔子，守习作为"孔子家学"的儒家"正学"。在《荀子》一书中，荀子多次称扬孔子、仲弓，认他们是自己师承之源。于现实政治，他极力宣扬儒家学说，力图说服齐国国君在齐国推行仁政、实行王道政治。他建议齐国君臣能够选贤任能、重用儒生，他说："国君尊敬贤士，国家就强盛；排挤贤士，国家就衰弱。国君爱惜民力，国家就富强；国君耗费民力，国家就衰弱；政令讲究信用，国家就强盛；政令失信于民，国家就衰弱；民心齐，国家就强盛；民心不齐，国家就衰弱。"但是，他的忠告并未受到重视。

荀子一生曾游历齐、燕、楚、赵、秦等国，他通过考察访学，学识精进，声名逐渐扩大。更重要的是，他孜孜以求地寻找能够安身立命之处，推行自己的政治理想。《荀子·儒效》载有这样一则故事。秦昭王时，荀子来到秦国。秦昭王问荀子说："儒者对国家没有什么好处吧？"荀子回答道："儒者效法先王，注重礼义，谨守为臣之道而忠于国君。"接着，荀子又谈到儒家的内在差别，他说："君主任用俗人，那么拥有万辆兵车的大国也会灭亡；任用俗儒，拥有万辆兵车的大国仅会得以生存；如任用雅儒，则拥有千辆兵车的小国也能得到安定。"最后，荀子全面肯定大儒治国的效用。他认定，如果用"大儒"治国，只需3年的时间，就会"天下为一，诸侯为臣"，实现社会大治。荀子坚信，儒者在朝为官，则使朝廷政治清明，在下为民，则会使当地风俗和美。

荀子在齐国时间较长，曾多次在稷下学宫主讲，三次被推为祭酒，成为学宫的领袖。他开门授徒，传习儒家经典，史称他"最为老师"。

2．立足时局，隆礼重教

荀子生活在比孔子、孟子时代更加混乱的战国中后期，他深刻地意识到单靠推行仁、德思想实在难以修整社会人心。荀子立足于时局，提出了"隆礼重教"的思想。在荀子看来，人之所以能够为善，完全是由于"化性起伪"的缘故，他认为"人之性恶，其善者伪也"。当时，荀子看到儒家的仁义道德被庸俗化、表面化，甚至成为虚伪的"奸言"，他疾呼"隆礼重教"，主张"明礼仪以化之"，礼是人们进行社会活动的规范，应当通过礼乐教化，使得人们自觉守礼。作为一种规范、法式，"礼"起着导化和矫饰人性的作用。荀子主张通过礼义的教化，教导人们"化性起伪"，抑"恶"扬"善"。

荀子重视教育，尤其在传习"六经"方面颇具功劳。事实上，正是由于荀子将《孔子家语》一书传至秦国，这一珍贵的经典文献才得以保存下来。由于荀子曾提出"隆礼义而杀《诗》《书》"，有的学者因而质疑荀子的儒家立场，这其实是对荀子极大的误解！荀子所谓"隆礼义而杀《诗》《书》"，是强调读书要懂得"执神"，着重领悟经典的神韵，而不应该片面重视文句，拘泥于书本的表面形式。荀子看中"六经"的教化作用，但他的着眼点不是传经本身，他更加重视弘道。

3. 性恶之说，教化修正

荀子主张人性恶，在《荀子·性恶》篇中，他说："人性是恶的，之所以有人能够向善，其实是由于后天人为的作用。"对于孟子主张的性善论，荀子批评其不懂性伪之分，混淆了天然的人性和后起的礼义之间的分别。在他看来，人性是天然的，仁、义、礼、智之善却不是与生俱来的，而是经过后天的礼义教化养成的。

在《荀子·性恶》篇中，荀子说："至于人的眼睛喜欢看美色、耳朵喜欢听悦耳的声音、嘴巴喜欢品尝美味、内心喜欢财利、身体喜欢舒适安逸，这些其实都是人的本性，人对外物有所感应而自然如此。"在荀子看来，人天生具有"好利""嫉妒"之类的欲望，如果"从人之性，顺人之情"，人就会放纵性情，随着人的性情膨胀、发展，必然形成种种邪恶。也就是说，人的邪恶的品行是由人的欲望导致的，这就是荀子性恶论的真正含义。在阐明人性"好利""嫉妒"等欲望后，接下来，荀子又说："故必将有师法之化、礼义之道，然后出于辞让，合于文理，而归于治。"既然人性邪恶，就一定要有师长和法度的教化、礼义的引导，然后人们才会从谦让出发，守礼遵法，天下臻成太平盛世。简单而言，荀子主张人性恶，但他认为人人都可以向善，用他的话说，就是"涂之人可以为禹"，只要坚持积累善行，人人都可以成为圣人。

孟子主张人性善，在他看来，仁、义、礼、智四端之心，先天存在于人心之中，只要不断地将固有的仁心善性扩而充之，就会充分地实现自身的价值；荀子则把人的生理欲望看成是恶，如果任其发展，则会有悖于礼义，因此，他主张"隆礼重教"。所以，在人性上，孟、荀的观点看似截然相反，实际上却是殊途而同归。

经典赏读

学不可以已。青，取之于蓝而青于蓝；冰，水为之而寒于冰。

——《荀子·劝学》

〔注释〕 ① 青：靛青。② 蓝：蓼蓝，其叶可通过发酵提炼出蓝色染料，即靛青。

〔赏析〕 学习是没有止境的。靛青是从蓼蓝中提取出来的，但比蓼蓝更青；冰是水遇冷凝结而成的，但比水更冷。

君子之求利也略，其远害也早，其避辱也惧，其行道理也勇。

——《荀子·修身》

〔注释〕　①远：远离。②惧：快速。

〔赏析〕　君子忽略谋求私利之事，可以较早地远离祸害，快速地躲避侮辱，勇敢地推行王道。

知识链接

1．锲而不舍

《荀子·劝学》："锲而舍之，朽木不折；锲而不舍，金石可镂。"意思是，刻几下就停下来放弃了，腐烂的木头也折不断；坚持不懈地刻下去，金石也能雕刻成功。"锲而不舍"作为一种治学精神，是极为可贵的。这句话告诉我们：无论做学问还是干事业，贵在持之以恒，在困难面前，永不止步。

2．道虽迩，不行不至

《荀子·修身》："道虽迩，不行不至；事虽小，不为不成。"意思是，道路虽近，不走就不可能到达；事情虽小，不做就不会成功。荀子认为，修身不是一件容易的事，无论士、君子，还是圣人，要达到完满的道德境界，必须永不停歇地努力。

学以致用

1．颜回是孔子最得意的弟子，请查阅相关资料，看看关于颜回的故事有哪些，并思考我们应该学习颜回的哪些品质。

2．去图书馆查阅相关资料，查一下孔子有名的弟子有哪些，以及他们的主要观点是什么；记下来和同学交流，看谁找得多。

第四单元　诸子百家兼容并包

　　春秋战国时期是中国思想史上一个前所未有的黄金时代。各种思想、学说、流派，如儒家、道家、法家、阴阳五行家、兵家、纵横家、名家等如雨后春笋般破土而出；那些对中国历史进程产生非凡影响的思想巨人，如孟子、荀子、淳于髡（kūn）、田骈、接予、慎到、邹忌、邹衍等纷纷登场，形成了百家争鸣、兼容并包的生动活泼的学术场景。

　　诞生于齐国、延续一百五十多年之久的稷下学宫，则为这种学术的大繁荣、大发展，为各种思想的碰撞、交汇、争锋，提供了广阔的"舞台"。稷下学宫对齐鲁文化乃至中华文化的走向都产生了极其深远的影响。

十二 悠悠千载终不朽——稷下学宫

齐宣王与魏惠王在郊外共同围猎。魏惠王问："齐国也有宝贝吗？"齐宣王回答："没有。"魏惠王说："像我这样的小国，尚且有直径一寸、可以照耀前后十二辆车的珍珠十颗，为什么您这万乘之国却没有宝贝呢？"齐宣王说："我心目中的宝贝，和您的不一样。我有个臣子叫檀子，派他守南城，楚国人就不敢向北侵犯，泗水流域有十二个诸侯国前来朝拜。我有个臣子叫盼（bān）子，派他守高唐，赵国人就不敢来黄河捕鱼。我有个臣子叫黔夫，派他守徐州，结果燕国人在北门祭祀，赵国人在西门祭祀，前来投靠他的有七千多家。我还有个臣子叫种首，派他防治盗贼，结果路上丢了东西也无人捡。我可以拿他们照耀千里以外，何止十二辆马车？"魏惠王听了，自觉脸上无光，悻悻地离开了。

齐宣王"以才为宝"的传说是齐国历代君主尊贤举能的一个缩影，也是稷下之学诞生在齐国并发扬光大的重要原因之一。历经两千多年的岁月沧桑，"稷下学宫"已湮没在了历史的漫漫长河中，即使在今天的临淄，也难觅当年它那高蹈、恢弘、轩昂的踪影，但它所卷起的思想浪花、所掀起的精神波涛，仍徜徉、激荡在我们民族的心底。

1. 稷下学宫的建立

"稷"是齐国都城临淄一处城门的名称。"稷下"即稷门附近，"稷下学宫"因位于此而得名。东汉著名文学家、"建安七子"之一的徐干在其《中论·亡国》中曾言："昔齐桓公立稷下学官（宫），设大夫之号，招致贤人而尊崇之。自孟轲之徒皆游于齐。"这里的齐桓公指的是战国时的齐桓公田午，他是

"田氏代齐"后的第三代君主。齐桓公田午在位期间，意欲稳固政权、重振国威，于是励精图治、尊贤纳士，创建稷下学宫，"设大夫之号"，一时间形成了诸子纷至，百家争鸣的局面。齐威王时，稷下学宫的规模不断扩大，至齐宣王时达到了鼎盛状态。据《史记·田敬仲完世家》和《盐铁论·论儒》等记载，当时的稷下先生有上千人。由此可见，至齐宣王时，稷下学宫已成为百家争鸣的重要阵地。

稷下学宫之所以诞生在齐国，是与齐国统治集团称雄争霸的政治意图密不可分的。从太公望姜尚到齐桓公姜小白，乃至"田氏代齐"后的齐国历代君王，大都有"尊贤尚功"的传统。这种传统，主观上为延揽人才、富国强兵奠定了坚实的基础，客观上也促进了士人之间的交流与了解，为学术思想的繁荣与发展，提供了一个良好的平台。同时，齐国雄厚的经济实力则为诸子百家的生存提供了强大的物质支撑。另外，自管仲以来，在齐国形成的开放、包容、"因民俗"的文化政策，也为稷下学宫提供了宽松的学术氛围。可以说，稷下学宫的诞生，是齐国政治、经济、文化互相交融、互相作用的产物，亦是时代发展的结果。

稷下各派，要么"不任职而论国事"，要么"著书言治乱之事"，要么"咸作书刺世"，但其旨归都是"干世主""成文典""百家殊业，皆务于治"。稷下诸子不以"出仕"为目标，而是甘于充当"帝师""智囊"，为统治者出谋划策。如鲁仲连、淳于髡之辈，不仅能言善辩，而且能出使列国、止兵解纷，为君王排忧解难、赴汤蹈火，充分显示了稷下诸子既谈天论地，又经世致用的特点。

除了强烈的政治色彩外，稷下诸子纷纷著书立说，为战国时代的学术繁荣做出了极大贡献。除此之外，稷下先生还招收弟子，培养人才，展示了稷下学宫强大的教育功能。

郭沫若在其《十批判书》中曾经指出："周秦诸子的盛况是在这儿形成一个高峰的。"稷下学宫兼具政治、学术与教育功能，而且成绩卓著，影响久远，为后世留下了一笔丰厚的精神和文化遗产。

2．稷下学宫的历史地位

稷下学宫在齐国前后延续了一百五十多年，这期间，大师云集，诸子纷至，学派"风起云涌"，异见"纷至沓来"，经典"异彩纷呈"，一时间形成了中国文化史上空前绝后的文化奇观。

作为战国时期的学术"重镇"，孟子、荀子、慎到、田骈、邹衍、邹奭（shì）、宋钘（jiān）等学术巨子纷纷在这儿著书立说，授徒讲学，并且光大或创建了儒、道、墨、兵、名、杂、黄老、阴阳等学术流派，诞生了许多光耀千古的文化思想。这些学术流派和思想，不论是承前还是启后，不论是渊源还是流变，都构成了中华传统文化的主要思想体系和核心理念，并深刻影响了中华文明的历史进程。

齐国国君虚心纳谏，"趋士""贵士""好士"的恢宏气度为稷下提供了良好的舆论空间，如此，稷下先生才能畅所欲言，广开言路，百家争鸣。他们互相辩难、诘责，各不相让，各抒己见。荀子"非十二子"，孟子"辟杨墨"，墨家之徒"非儒"，庄子之徒则列数诸子之得失……除此之外，各派之间又相互交融、取长补短，兼容并包。荀子既属儒家，又对法家造诣颇深；慎到既属黄老，也带有法家的色彩；宋钘既属墨家，又兼具黄老的风格……《汉书·艺文志》云，诸子百家"其言虽殊，辟犹水火，相灭亦相生也。仁之于义，敬之于和，相反而皆相成也"。由此可见，在稷下这个广阔的学术舞台上，真正上演了一场百家争鸣的文化大戏。

总之，稷下学宫在中国文化史上树起了一座不朽的丰碑，它的出现，不仅开启了中国许多思想文化之流的源头，而且其"兼容并包"的精神对后世产生了极其深远的影响，流风余韵，绵绵未绝。

经典赏读

宣王喜文学游说之士，自如驺衍、淳于髡、田骈、接予、慎到、环渊之徒七十六人，皆赐列第，为上大夫，不治而议论。是以齐稷下学士复盛，且数百千人。

——汉·司马迁《史记·田敬仲完世家》

〔注释〕 ① 驺衍：即邹衍。② 列第：不同等级的住宅。③ 不治：不理政事。④ 稷下学士复盛：齐桓公田午开始在稷下设学宫，招纳学士，到齐宣王时最盛，成为当时百家争鸣的中心，是中国文化史上的盛事。

〔赏析〕 齐宣王喜爱博学和能言善辩的士人，像邹衍、淳于髡、田骈、接予、慎到、环渊等76人，都赏赐给府第，封为上大夫，让他们不处理政事而专门议论学术。因此，齐国的稷下学士又多起来了，将近数百甚至上千人。

齐宣王褒儒尊学，孟轲、淳于髡之徒，受上大夫之禄，不任职而论国事，盖齐稷下先生千有余人。

——《盐铁论·论儒》

〔注释〕 ① 褒：赞扬。② 禄：俸禄。

〔赏析〕 齐宣王褒奖儒家，尊重学者，孟轲、淳于髡等人，接受上大夫的俸禄，不任实职而专门讨论国家大事，齐国的稷下先生有一千多人。

知识链接

1. 田氏代齐

田氏代齐，也叫田陈篡齐。公元前545年，陈国公族田完的四世孙田桓子与鲍氏、栾氏、高氏合力消灭齐国主政的庆氏。之后田氏、鲍氏灭栾、高二氏。田桓子将齐国公族中那些没有俸禄的子弟的田地没收，分给其他公族；对国人中的鳏寡孤独者，给他们粮食，取得公族与国人的支持。齐景公时，公室腐败。田桓子之子田乞（田无宇的儿子，即田僖子）用大斗借出、小斗回收，使"齐之民归之如流水"，增加了户口与实力。是谓"公弃其民，而归于田氏"。公元前489年，齐景公死，齐国公族国、高二氏立公子荼，田乞逐国、高二氏，另立公子阳生，自立为相。从此田氏掌握齐国国政。

2. 啧室之议

一日，管仲对齐桓公说："黄帝建立明台的咨询制度，就是为了搜集贤士的意见；尧实行衢室的询问制度，也是为了听取人们的呼声；舜有号召臣下进谏的旌旗，君主就不受蒙蔽；禹把谏鼓立在朝堂上，随时接受百姓的问询；汤有总街的厅堂，可以搜集人们的非议；周武王有灵台的报告制度，贤者都得以进用。这就是古代明主据有天下而不失，得天下而不亡的原因。"齐桓公说："我也想效法他们，应该起个什么名字呢？"管仲想了想，说："可以叫'啧室之议'。贤人有提出君主过失的，就称之为'正士'，其意见都纳入'啧室之议'来处理。"齐桓公说："好，就这么办！"

十三　学术舞台尽风流——诸子百家

　　齐国有位黄公，一贯奉行谦恭自卑的处世之道。他有两个女儿，都生得国色天香。但每当有人问起女儿的情况，黄公总是极其谦恭地说自己的女儿长得很丑。结果，因为父亲的过度谦恭，两个女儿的丑陋之"名"传布很远，过了婚嫁的年龄，她们还没有嫁出去。卫国有个老光棍，不嫌其丑，就娶了其中的一个，过门之日，这个老光棍发现自己的妻子竟然是位美女。他高兴地逢人就说："黄公过度谦卑，把本来是美女的两个女儿说成了丑女。"消息传出后，人们争相向黄公的另一个女儿求婚，他们发现，黄公的另一位女儿也同样有闭月羞花之貌……于是，尹文子感叹道：国色天香是"实"，相貌丑陋是"名"。黄公的悲剧就在于，他没有很好地将"名"和"实"统一起来。

　　这是稷下著名学派"名家"的代表人物尹文，为宣传自己"名实相符"的主张而引用的一则寓言。透过此例，我们可以窥见当时稷下各派论述之充分、引据之生动、争鸣之热烈。在"稷下"这个学术舞台上，儒、墨、法、兵、名、杂、黄老、阴阳五行、纵横等诸子百家悉数登场，各具风采，尽展英姿，联袂上演了一场轰轰烈烈的学术大戏，奉献了一场精彩无比的文化盛宴。梁启超在《论中国学术思想变迁之大势》一书中称："当春秋战国之交，岂特中国民智为全盛时代而已，盖征诸全球，莫不尔焉。自孔子、老子以迄韩非、李斯，凡三百余年，九流百家，皆起于是，前空往劫，后绝来尘。"

1. 黄老学派及其思想

　　黄老学派发轫于齐国，是稷下学宫中最具影响力的一派。司马谈在其《论六家要旨》中言，黄老之学"因阴阳之大顺，采儒墨之善，撮名法之要，与时迁移，应物变化"。其意是，黄老之学兼收并蓄，采诸子之长，纳百家之要，既讲法，又谈道。简而言之，黄老学派的思想核心就是"道法互补""因道全法"。

黄老学派的创始人主要是慎到、田骈，其中以慎到的观点最具代表性，影响也最为广泛。慎到，战国时赵人，齐宣王、齐湣王时曾游学于稷下，有《慎子》一书传世。慎到认为，人的本性就是"自为"，即事事处处为自己打算、谋划，因此，君王只有因循了"人之常情"，才能使人为其所用。以人的天性为依据，慎到主张君臣之道的原则就是"君道无为"而"臣道有为"。他在《慎子·民杂》篇中指出："君臣之间应该怎样摆正关系呢？臣子要多做实事，君主用不着做实事；君主只要安逸享乐就行，臣子要不畏劳苦地工作；臣子要尽心尽力把事情做好，君主不要参与具体事务，只坐享其成就可以了。这样国家政事没有治不好的，治理国家的正确道理就是这样。"君主无为而治，臣子才会竭尽心智做好自己的工作。在这里，慎到将"无为而治"的"统治术"阐发得一清二楚。在慎到看来，"无为而治"不是无所作为，更不是放任自流。"无为而治"还必须在"法"的框架内进行，还必须以"守法"为前提。他说："治国无其法则乱，守法而不变则衰。有法而行私，谓之不法。以力役法者百姓也，以死守法者有司也，以道变法者君长也。"他又说，"定赏分财必由法""法虽不善，犹愈于无法""事断于法"。总之，因循自然，依法而治，两者相辅相成才是"黄老"之学的核心理念。

黄老学派的另一个代表人物是田骈。田骈，战国时齐人，因其以高谈阔论见长，故齐人称其为"天口骈"。据载，田骈的著作有《田子》25篇，今已亡佚，其思想散见于《庄子》《荀子》《吕氏春秋》《淮南子》中。田骈极力宣扬"无政可以为政""天地之间，六合之内，可陶冶而变化也"的主张；但同慎到一样，田骈同时也是主张法治的。

黄老学派的代表人物还有彭蒙、环渊、接子等人，他们同慎到、田骈一起，在稷下创建并使黄老学派发扬光大，不仅为汉初的"黄老之治"提供了强大的理论依据，而且对中国政治文化也产生了较为深远的影响。

2. 墨家及其思想

稷下墨家学派的代表人物是宋钘。宋钘，又称宋子，战国时宋人，曾游学稷下，与孟子同时而稍早，据云是墨子的弟子。其著作早已不传，后人可从

《庄子》《荀子》《孟子》《韩非子》等书中一窥其学说之大略。

《荀子·非十二子》中说：不知道统一天下、建立礼制的重要性，崇尚实用，过分强调节约，而轻视等级秩序，以至于不能区分上下之别、君臣之异，却说得有根有据、有条有理，足以欺骗迷惑愚昧的老百姓，"是墨翟、宋钘也"。荀子是稷下领袖，曾"三为祭酒"，对稷下诸子及其主张可谓了如指掌。从上文可以看出，宋钘与墨子是一脉相承的。

墨子讲兼爱、非攻，宋钘也希望天下太平，让百姓存活下来；墨子日夜不休息，自己吃再大的苦也心甘情愿，宋钘也"弟子虽饥，不忘天下"……

墨家学派，不论是墨子还是宋子，其最为动人之处在于其矢志不渝的"救世"情怀。据《墨子·公输》载，墨子听说公输盘（即鲁班）为楚国制造了云梯等器械，知道这是楚国在为攻打宋国做准备。为了制止战争的爆发，墨子从鲁国动身，行十日十夜赶到楚国的都城郢，先对公输盘动之以情，又对楚王晓之以理，在情、理都不奏效的情况下，又祭出了自己的杀手锏——滴水不漏的防御体系；最后终于逼迫楚王放弃了攻宋的打算。宋钘也是"图傲乎救世之士"，《孟子·告子下》中载，为了阻止秦、楚交兵，他曾不辞辛劳、长途跋涉去劝说秦王、楚王，最后也是凭一己之力阻止了一场战争。墨家学派的"救世"精神对后世的影响不可谓不大，它是"天下兴亡，匹夫有责""以天下为己任"的先声。

3. 齐法家及其思想

齐法家也是稷下一个重要的学派，此学派的思想主要见于《管子》一书。

齐法家不同于"三晋法家"。"三晋法家"强调法的绝对性，将"刑罚"视作治国最高和唯一的手段，而齐法家则主张"礼法并举"。《管子·牧民》说："单靠刑罚不足以使人民真正害怕，仅凭杀戮不足以使人民心悦诚服。刑罚繁重而人心不惧，法令就无法推行了；杀戮多行而人心不服，为君者的地位就危险了。"刑罚虽具有权威性和强制性，但其局限性也是显而易见的，刑罚重而民意不服，乃是天下之大患。因此，齐法家指出："礼义廉耻"乃是"国之四维"，"四维不张，国乃灭亡"（《管子·五辅》）。在此基础上，齐法家提出了"礼法并举"的主张，把礼、法作为统治者治理天下的软硬两手。《管子·权修》说："君主能够付出厚爱和厚利，就可以亲近人民，申明知识和礼节，就可以教育人民。要以身作则来引导人民，审定规章制度来防范人民，设置乡官吏来指导人民。然后再用法令加以约束，用奖赏加以鼓励，用刑罚加以威慑。这样，百姓就都愿意做好事，暴乱的行为便不会发生了。"《管子·任法》中又说："所谓仁义礼乐者，皆出于法。此先圣之所以一民者也。"由此可以看出，齐法家主张礼法并举，社会方能长治久安。

齐法家还主张立法要"顺乎民意"。《管子·形势》说："人君之所以做到令行禁止，一定是因为'令'发在人民所好的方面，'禁'行在人民所恶的地方……法立而人民乐从，令出而人民接受，法令合于民心，就像符节那样的一致，君主就尊显。"将"立法"建立在"民意"的基础上，"法"源于"民"而不是源于"君"。

齐法家还强调执法公正，不私近亲，不孳疏远。《管子·任法》中言："君臣上下贵贱皆从法。"《管子·版法解》亦云："凡有关法度之事，掌握不可以不正。掌握不正则判断不公，判断不公则治狱不完全合理，办事不完全得当。治狱不完全合理，与当政者关系疏远或地位低微的人们就无法申诉；办事不完全得当，就不能充分收获功效和利益。无法充分收获功效和利益则国家贫穷，与当政者关系疏远或地位低微的人们无法申冤则民间扰乱……不偏厚于近亲，不加害于关系疏远者，则国财没有流失，民间没有冤案。国无失财，民无冤案，则事业没有不兴办起来的。"

4．阴阳五行家及其思想

阴阳五行家的创始人是邹衍。邹衍，战国时齐人，曾游学稷下，是著名的稷下先生。《盐铁论·论儒》言："邹子以儒术干世主，不用，即以变化始终之论，卒以显名。"邹衍的学说主要由两部分组成：一是"大九州说"；二是"五德终始说"。

"大九州说"体现了邹衍超乎寻常的空间观念。"九州"的说法源于《尚书·禹贡》："禹别九州，随山浚川，任土作贡。"这里的九州指冀州、兖州、青州、徐州、扬州、荆州、豫州、梁州、雍州。但邹衍"大九州说"中的九州并不局限于《尚书》中的范围，而是另一个更为渺远辽阔的世界。据《史记·孟子荀卿列传》载，在邹衍看来，中国名曰赤县神州，而中国外还有九个这样的赤县神州，乃其所谓"九州"也。限于当时的认知条件，邹衍的"大九州说"尽管不够科学，亦不真实，但它对启迪人们认识外部世界、改变人们狭隘的时空观，还是大有裨益的。

在阴阳五行基础上创立的"五德终始说"，是邹衍影响最大、流传最远的学说。无论是"阴阳"，还是"五行"，都是起源很早的观念。"五德"来源于"五行"，即水、木、金、火、土这五种物质。邹衍认为，每一种物质都和人的一种德性相对应，而这五种德性之间又有着相生相胜、循环往复的关系，具体说来就是水胜火、火胜金、金胜木、木胜土、土胜水。与"五行"相对应的"五德"每一德都没有绝对的优势，每一德都有盛有衰。他用"五德"来论证朝代的更替，论证新政权诞生的合理性。邹衍提出这一理论的动机，无非就是从"天"的角度来劝告当时的统治者要敬德保民、戒除淫侈，以保有天下。从这个层面上讲，"五德终始说"还是有其进步意义的。

邹衍以前人的认识为基础，首次将阴阳与五行结合起来，以阴阳之间盈虚消长、相生相克之关系来对应"五德"，进而构建起一套完整的历史图式。这样就把源于自然界的观念延展到了政治领域，进而引起人们，尤其是政治家及思想家对治乱兴替的思考，其核心理念尽管陷入了循环论和宿命论的泥潭，但其时代价值和历史意义还是不能否认的。

5. 其他学派及主要思想

除黄老、墨、法、阴阳五行诸家之外，名家、兵家、纵横家等，也都是稷下有影响力的学派。

出于当时军事斗争的需要，兵家也是稷下较为活跃的一派，出现了《司马穰苴兵法》《孙膑兵法》这样的兵学名著；《管子》中的《七法》《兵法》《地图》等探究战事之篇，也大都出于稷下兵家之手；至于稷下领袖荀子所著《议兵》篇，更是流传久远、影响巨大。

战国时期，诸侯割据，战乱频仍，无形中为那些纵横捭阖之士提供了施展自己聪明才智的舞台，于是，纵横家也应时而生，淳于髡是稷下纵横家的杰出代表。淳于髡虽无著作传世，但《战国策》《史记》等书生动而又较为翔实地记述其事迹，我们从中可看到当时稷下纵横家的风采。

稷下诸子著书立说，直接为田齐政权服务，但他们的研究领域并不限于"治乱之事"，还展开了对天、道、性、理、名、实这些"形而上"问题的思考，名家就是这方面的代表。稷下是战国时期名辩思潮的策源地，许多稷下先生曾涉足名实之辩，主张"名实相符"，反对"名不符实"，并列举了许多"因名失实"的事例，给世人以许多启发。名家的代表人物有尹文、儿说、田巴。

经典赏读

天道因则大，化则细。因也者，因人之情也。人莫不自为也，化而使之为我，则莫可得而用矣。是故先王见不受禄者不臣，禄不厚者不与人难。人不得其所以自为也，则上不取用焉。故用人之自为，不用人之为我，则莫不可得而用矣，此之谓因。　　　　——《慎子·因循》

〔注释〕　① 天道：泛指自然规律，与"人道"相对。② 因：因循。③ 化：变化，这里指人为地改变。④ 自为：为自己打算。⑤ 不臣：不以人为臣。⑥ 人难：指担当重任。

〔赏析〕　天道因循自然就广大，人为地改变它就缩小。所谓因循，就是遵循自然规律，顺应人性。人们没有谁不愿意尽心尽力为自己做事，要强求他们改变为自己做事而变成为我做事，那就不可能找到合用的人才。因此，古代帝王对不肯接受俸禄的人，不任用他们做臣子。对于接受不优厚俸禄的人，不要求他们担当艰巨的工作。人们如果不尽力去为自己做事，那君主就不选拔任用他们。所以，君主要善于利用人们尽力为自己做事的天性，不要强求他们去做自己不愿做的事，那么天下就没有不能为我所用的人，这就叫作因循自然规律，顺应人性来办事。

何谓四维？一曰礼，二曰义，三曰廉，四曰耻。礼不逾节，义不自进，廉不蔽恶，耻不从枉。　　　　——《管子·牧民》

〔注释〕　① 维：系物的大绳，引申为维系事物稳固的条件。② 枉：弯曲，不正，引申为不合正道或违法的行为。

〔赏析〕　什么是四维？第一叫礼，第二叫义，第三叫廉，第四叫耻。人知礼，就不会超越节度；知义，就不会随意妄为；知廉，就不会隐瞒罪恶；知耻，就不会与邪恶同流。

知识链接

1. 《管子》其书

管子，即管仲，春秋时期辅佐齐桓公成就霸业的著名政治家。《管子》一书的作者并非管仲本人，而是后世学者，主要是稷下先生托名管仲所作。《管子》是一部汇聚百家之学的著作，"融通性"是它的主要特色。

2. 晏子与《晏子春秋》

晏子，字平仲，原名晏婴。春秋时齐国夷维（今山东高密）人。政治家、思想家、外交家。传说晏子五短身材，"长不满六尺"，貌不出众，但足智多谋，刚正不阿，敢于直谏，爱国忧民，在诸侯和百姓中享有极高的声誉。其父晏弱死后，晏婴继任齐卿，历任灵公、庄公、景公三世。传世有《晏子春秋》一书，是一部记叙晏子思想、言行、事迹的书，一般认为是后人集晏子言行轶事而编成。

学以致用

1. 去图书馆查阅相关资料，看稷下学宫都有哪些主要学派，各学派的主要思想观点是什么。请列表比较。

2. 利用周末或节假日，游览位于淄博市临淄区的"齐国故城"遗址，缅怀"稷下学宫"的风采；并模仿稷下先生，跟同学们进行一场"性善论"与"性恶论"的辩论赛。

第五单元 地域文化异彩纷呈

"文化是一个国家、一个民族的灵魂。文化兴国运兴，文化强民族强。"在悠悠五千年的历史长河中，中华文明绵延不绝，历久弥新，留下了丰富的精神文化财富。山东是孔孟之乡、礼仪之邦，拥有悠久的历史。其灿烂的文明，是中华文明的重要组成部分。

在广袤的齐鲁大地上，名胜古迹星罗棋布，文化特色异彩纷呈，有荣膺世界自然与文化双遗产的巍巍泰山，有被列为世界文化遗产的曲阜"三孔"，有因河而兴、依海而建的海河文化遗迹，有彰显齐鲁富足繁荣的齐国故城，更有凝结齐鲁儿女智慧的齐长城遗址……这些胜迹有的浑然天成，有的匠心独运，其建筑艺术之高超、文化内涵之丰富，令世人惊叹和景仰。

十四　江山圣迹古今传——圣地文化

经典故事

　　有一次，鲁国大夫叔孙武叔在朝廷上对大夫们说："子贡比孔子强些。"子贡听说后，就打了个比方说："人的学问好比官墙，我的这道墙高不过肩头，人们一眼就可以看见墙内的一切；我老师这道墙有数仞（古代七尺或八尺为一仞）高，别人是看不到里面的东西的，只有找到门，走进去，才能看到墙内雄伟的建筑，可找到门的人实在太少了！"后人认为"数仞"不足以表达孔子的智慧，明代学者胡缵宗为表达对孔子的尊敬和赞扬，亲书"万仞官墙"石额镶于曲阜孔庙最前面的仰圣门上。清乾隆皇帝为表示对孔子的尊崇，又换上了自己书写的"万仞官墙"四个大字。

　　曲阜是春秋时期鲁国的都城、孔子的故乡，这里有丰富的文化遗产，圣地文化特色突出。其中最具代表性的当属被列入世界文化遗产的曲阜"三孔"——孔府、孔庙、孔林。

1."三孔"和孟庙

　　"三孔"即孔府、孔庙、孔林，是我国规模最大的集府邸、祠庙和墓地于一体的古建筑群。孔府又称衍圣公府，既是衍圣公处理公务的官衙，又是衍圣公及其家属居住的私宅，是明清两代仅次于皇宫的最大府第。孔庙是历代举行祭孔活动的祠庙，承载了"慎终追远"的民族理念；其建筑以大成殿为主体，气魄宏伟，主次分明，在建筑风格上典型地体现了儒家思想对"和"的推崇。孔林是孔子及其子孙后代的家族墓地，集墓葬、建筑、石雕、碑刻为一体，是延续年代最久、保存最完整的家族墓地。孔府、孔庙、孔林是为推广儒家教化而兴建的重要礼制性建筑，其营建和传承，鲜明地体现了我国"尊孔崇儒"

孔府俯瞰图

的文化传统。这些建筑等级分明，遵循着中庸、和谐、温良敦厚的要求，体现着儒家"贵和""守礼"的思想。

（1）孔府

孔府是孔子世袭"衍圣公"的世代嫡裔子孙居住的地方，是我国仅次于明、清皇帝宫室的最大府第。有厅、堂、楼、轩等各式建筑，分为中、东、西三路。东路为家庙，西路为学院，中路为主体建筑。中路以内宅为界，前为官衙，设三堂六厅；后为内宅，设前上房、前堂楼、后堂楼、后五间。最后是孔府的花园，是历代衍圣公及其家属游赏之所。

孔府是衙宅合一、园宅结合的范例。官衙和住宅建在一起，是一座典型的封建贵族庄园。

（2）孔庙

孔庙是祭祀孔子的庙宇。孔子死后，鲁哀公把孔子在曲阜的故居当作庙宇，收藏其衣冠、琴、车、书等物品，并下令每年祭祀。如果你游览曲阜圣地，未到孔庙，一色黄瓦红垣、高大庄严的宫墙就会映入眼帘，南门外仰圣门上镌刻的"万仞宫墙"四个苍劲有力的朱红色大字格外抢眼。

孔庙平面呈长方形，整个建筑群以中轴线贯穿，左右对称，布局严谨。共有九进院落，前有棂星门、圣时门、弘道门、大中门、同文门、奎文阁、十三御碑亭，从大圣门起，建筑分成三路：中路为大成门、杏坛、大成殿、寝殿、圣迹殿及两庑，分别是祭祀孔子以及先儒、先贤的场所；东路为崇圣门、诗礼堂、故井、鲁壁、崇圣祠、家庙等，多是祭祀孔子上五代祖先的地方；西路为启圣门、金丝堂、启圣王殿、寝殿等建筑，是祭祀孔子父母的地方。全庙共有五殿、一祠、一阁、一坛、两堂、十七碑亭、五十三门坊，共计有殿庑四百六十六间，分别建于金、元、明、清及民国时期。孔庙内最为著名的建筑有：棂星门、二门、奎文阁、杏坛、大成殿、寝殿、圣迹堂、诗礼堂等。

古人崇孔尊孔，因此各府州县都建有孔庙，雅称"万世文殿"。曲阜孔庙是祭祀孔子的本庙，这一具有东方建筑特色的庞大建筑群，因其面积之广大、气魄之宏伟、时间之久远、保存之完整，被古建筑学家称为世界建筑史上的"孤例"。它是中国古代劳动人民智慧的结晶。

孔庙殿宇用料讲究、设计合理、技艺精湛，具有全国一流的工艺水平。孔庙空间环境的布局，沿轴线平面延伸，由层层院落组成的序列向主体建筑大成殿引导展开，空间由窄而宽，建筑由少而多、由低而高。为了突出大成殿的崇高地位，在体量和形制上、尺寸上、色彩和装饰上，和周围依次区分，以表现主次和秩序。儒家学说强调"和"，孔庙建筑群堪称体现"和"的建筑美学观的代表作。

（3）孔林

孔林是孔子及其子孙后代的家族墓地，整个园林内墓冢累累，苍松翠柏，龙干虬枝，碑刻林立，堪称集墓葬、建筑、石雕、碑刻于一体的露天博物馆。

孔林是延续年代最久、保存最完整的家族墓地，其延续时间之久、墓葬之多、保存之完好，是十分罕见的。孔林对于研究中国

"万古长青"坊

历代政治、经济、文化的发展以及丧葬风俗的演变有着不可替代的作用。

孔府、孔庙、孔林，是中国规模最大的集祭祀孔子嫡系后裔的府邸和孔子及其子孙墓地于一体的建筑群，被列入世界文化遗产名录。

（4）孟庙

后人为纪念儒家另一位代表人物孟子而修建的孟庙，也因其建筑布局严谨、历史文化久远等，被国务院确定为全国重点文物保护单位。孟庙又称亚圣庙，位于山东邹城南门外，是历代祭祀战国时思想家孟子之所。孟庙是一处长方形、具有五进院落的古建筑群，以主体建筑亚圣殿为

"亚圣"坊

中心，南北为一中轴线，左右为对称式排列。现存建筑为清康熙年间重建，分东、中、西三路，有亚圣殿、启圣殿、孟母殿、致严堂等。孟庙建筑的布局严谨，错落有致，建筑雄伟，院院不同，格局迥异，充分体现了儒家思想的礼制要求。

孟母教子传说开创了"母教文化"的先河，留下了千古美名。同时也使孟子成为"功不在禹下"的儒家"亚圣"。后人为纪念他们，建成了孟庙、孟母林。

2. 圣地文化

山东自古以来人杰地灵，始终处于文化阵地的最前沿，先后诞生了无数文化名人，是名副其实的"文化圣地"。而这些"圣地"的文化又是我们民族文化的重要基因，渗透着民族精神的核心内容，是真正意义上的圣地文化。"和"文化就是其中之一。

"和"是事物存在的基础和形式，整个宇宙和宇宙中的万物，都以"和"的形式存在。世界是一个"和"的世界，把这个"和"破坏了，宇宙和万物的基础就没有了，这是两千多年前中国人就有的对世界的根本认识。

"和"是人们所追求的最高的价值和目标。有"和"才有万物，才有世界，才有发展。"三孔"等圣地的建筑，也是多种元素协调配合共存在一处的状态，是"和"的具体体现。

"和"更代表着一种合理有序的秩序。从建筑的角度上讲，圣地建筑群凝聚了历代建筑的精华，极具建筑艺术之美；同时在建筑的布局、规划和装饰等方面，也反映出儒家思想"和"的精髓。

文化名片

名　　称：杏坛
地理位置：山东曲阜孔庙
景点级别：国家3A级旅游景区
其　　他：杏坛是为纪念孔子讲学而建，孔子第四十五代孙孔道辅监修孔庙时，将正殿后移，除地为坛，环植以杏，名曰"杏坛"。相传孔子当年坐在杏坛上弦歌讲学，教弟子读书。后来，"杏坛讲学"成为一个典故。

曲阜"三孔"和邹城孟庙是为推广儒家教化而兴建的重要礼制性建筑。这些建筑等级分明，且建筑样式随着中国古代社会政治、经济、文化的不断发展而逐步模式化，是古代城市营建制度的集中反映。儒家思想中的"贵和""守礼"在建筑中表现为主次分明、秩序井然的布局，表现为对方正、对称、直线的追求，以及强调中庸、和谐、温良敦厚的美。

圣地建筑群不仅是名闻天下、内涵丰富的文化遗产，同时还拥有大量有价值的自然遗产。比如"三孔"内生长的17 000余株古树名木，是研究古代物候学、气候学和生态学的宝贵资源，我们应该用心呵护。

经典赏读

"礼之用，和为贵。先王之道，斯为美；小大由之。有所不行，知和而和，不以礼节之，亦不可行也。"

——《论语·学而》

〔注释〕 ① 和：和谐；② 道：治国之道，即治国方法。

〔赏析〕 "和"是儒家所特别倡导的伦理、政治和社会原则。礼的推行和应用要以"和谐"为贵。但是，凡事都要讲和谐，或者为和谐而和谐，不受礼的约束也是行不通的。孔子既强调礼的运用以"和"为贵，又指出不能为"和"而和，要以"礼"节制之，可见孔子提倡的"和"并不是无原则的调和。人与人之间，人与大自然之间，人与不同维次空间生命之间，都要讲和谐。这三重和谐，是礼的用处、礼的方向。所以我们学儒、学礼，不能够死守着那些条文，要在日常生活中落实，在各种情形上去拿捏这个尺度，用我们的智慧去传承、去弘扬。

知识链接

1. 勾心斗角

亦作"钩心斗角"。"钩"是钩挂、钩住的意思，指屋顶建筑构件之间相互牵引或连接；"心"是指宫室房屋建筑的中心部位；"斗"是碰撞、接触的意思；"角"是指房屋的檐角。诸角向心，叫"钩心"；诸角彼此相向，像戈相斗，叫"斗角"。此处"勾心斗角"意为宫室建筑的内

勾心斗角

外结构精巧严整。曲阜孔庙的建筑"勾心斗角"为世人称道，而且一"斗"就是上千年。孔庙大成门的东南和西南角的飞檐分别伸进了临近碑亭的"心窝"，形成"勾心"之势；大成门另两个飞檐又与另两个碑亭的飞檐紧咬"相吻"，形成"斗角"之态。建筑师为了充分利用空间而创造的"勾心斗角"的建筑风格，是

世界建筑史上的一大奇观。

2. 无孔不入

孔林亦称"至圣林",占地200公顷,为孔子及其后代的墓地,距今已有2 400多年历史。孔林有古树2万余株,多为柏树,历代帝王碑碣多达千余块。据史料记载,孔姓的人死后可葬于此,但在五种情况下不得葬入孔林,就是所谓的"五孔不入":第一,触犯国家法律的;第二,出家的;第三,出嫁的;第四,少亡(未成年夭折)的;第五,触犯家法的。后来演变为成语"无孔不入"。

十五 齐风文脉古韵扬——齐都文化

经典故事

战国时期,齐威王继承王位后,连续三年整日饮酒作乐,不理朝政。大臣淳于髡想了个激励他的办法。他说:"大王,臣听说齐国有一只大鸟,三年来不飞也不叫……"他故意停顿一下,试探地问:"大王知道这是一只什么鸟吗?"齐威王知道淳于髡在暗喻自己,不由得大笑起来。笑过一阵,他说:"此鸟不飞则已,一飞冲天;不鸣则已,一鸣惊人!"从那以后,齐威王就到各地去视察,回来后励精图治、扶正祛邪,使民风大振。不久,齐国成为战国时代的东方强国。

齐国故城是先秦城市营造的典型范式,布局合理,功能完善,遵循着"以礼为本""因地制宜"的原则,体现了"天人合一"的建筑思想。齐长城开中国乃至世界长城建筑之先河,为研究古代军事防御方式及理论提供了鲜活的资料。齐国故城和齐长城既反映了先秦时期齐国作为东方大国的强大国力,也反映了古代因地制宜、注重实用的建筑理念。

1. 齐国故城

齐国故城即临淄故城,两千年前,这里曾是东方最大的城市。蜿蜒的齐长城，仿佛还可以听到金戈铁马的铮钺嘶鸣；细腻滑润的丝绸，如雪如银的陶瓷，还依稀能够看见帝王贵族家的歌舞升平。临淄作为齐国都城长达800年之久，在先秦的历史上有着举足轻重的地位。作为齐文化的发祥地，临淄先后发掘出齐故城遗址、殉马坑、车马坑等著名的文物古迹，充分展现出齐国昔日的强盛。

齐国故城建筑理念超前。在中国建筑发展史上，影响城市规划和布局的主要有三大思想体系，即体现礼制的思想体系、注重环境求实用的思想体系和追求天地人和谐的哲学思想体系。从齐国城市的规划设计、建筑营造方式、道路布局看，当时齐国在建筑理论方面，已经形成了一套比较系统的"以礼为本"的规划原则和因天材就地利的实用城市规划思想。

首先，齐国故城非常注重整体规划和建筑布局设计，既考虑到了城市的一般防御功能，也从城市的实用功能上进行了比较合理的规划与构筑。根据史料记载，战国时齐都临淄城南北长约5公里，东西宽约4公里，东临淄河，西依系水。

其次，齐国故城建筑从类型上分为宫室和住宅建筑两大部分。这两类建筑在形制、建筑材料、装饰艺术上又有明显不同。据勘探资料与文献记载，临淄齐国故城包括大城和小城两部分，大城居北，为城郭，是官吏、平民及商人居住地，形状为长方形，城墙皆用夹板夯筑，有城门六座；小城偏居大城西南，为宫城，是国君居住地，形状也为长方形，有城门五座，小城东北与大城咬合相接。

再次，从齐故城建筑营造方式看，大规模宫室和高台建筑，是齐国都城建筑中的主要特征。齐故城小城西北部存有一座夯土台基，当地称"桓公台"，是齐国的宫室建筑台基，呈椭圆形，南北长86米，东西宽70米，高14米。台南面有缓坡，东、西、北三面呈陡壁。

文化名片

名　　称：齐国故城遗址博物馆

地理位置：山东临淄

其　　他：博物馆内分14个展厅，通过300多件珍贵文物和大量的文献资料、模型、沙盘、雕塑、照片、图表等，全面介绍了齐国的政治、经济、文化、艺术、科技、军事和礼俗，记述了齐国的产生、发展、兴盛、衰亡史；反映了齐文化在华夏文化中所占的重要地位。内部装饰古朴、典雅，与齐国历史十分吻合、协调，使人们在轻松欢悦的气氛下了解历史，增长知识，接受教育，受到启迪。

齐国故城完备的排水系统堪称一绝。齐国城市建筑的成就不仅表现在规划设计、整体布局、建筑造型和装饰艺术等方面，在城市功能设计上也体现出很高的科学性与技术性，特别是它独特、完备、科学的排水系统。

齐故城为了完善城市功能，在排水系统构筑上是极具特色的。大小城内有三大排水系统，四处排水道口。其中小城内有一条排水系统，在西北部，起自"桓公台"东南方向，经"桓公台"的东、北部通向小城西墙的排水口。大城内有二条排水系统，其一位于西部，由一条南北和东西河道组成。南北河道，自小城东北角始，与小城东墙、北墙的护城壕沟相接，顺势北流，直通大城北墙西部的排水口。从齐故城排水系统的布局看，当时齐国建筑师将天然的河流、城壕和城内河道巧妙地联系在一起，构成了一个完整的排水网。排水系统匠心独运，显示了齐国建筑师的非凡智慧和高超的建筑技术水平，被誉为世界同期排水系统建筑中的杰作。

齐国故城作为中国第一批重点文物保护单位，不仅建筑特色明显，而且文物古迹浩繁，有"地下博物馆"之称。现有全国重点文物保护单位两处，省级重点文物保护单位6处。1994年，临淄区被国务院命名为"国家历史文化名城"。

2. 齐长城

齐长城是春秋战国时期齐国为争霸天下而修建的军事防线。齐国在称雄争霸的过程中，军事斗争是其扩张的主要方式之一。由此，齐国产生了博大精深、异彩纷呈的军事建筑艺术。齐长城的修筑不仅为齐国提供了防御保障，对整个冷兵器时代的中国防御方式也产生了深远影响。后来，诸侯各国以至秦、汉、明等朝代，纷纷在崇山峻岭和荒漠戈壁上修建长城，累计在中国大地上修建了数万里长城，使古代中国成为世界上独一无二的"家有院墙、城有城墙、国有长城"的国度。

齐长城城墙

齐长城遗址史称"千里齐长城"，横亘于齐鲁大地，西起黄河，东至黄海，蜿蜒千余里，几乎把整个山东分为南北两半。经实地测量齐长城全长618.893公里，共翻越1 518座山峰。主要有长清段、泰安段、莱芜段、五莲段等遗址，其中保存最好的莱芜段长57.832公里。2001年6月25日，齐长城遗址作为春秋战国时期古建筑，被国务院批准列入第五批全国重点文物保护单位名单。

齐长城

齐长城的修筑充分借助地形地势之利，科学选址，因地制宜，就地取材，这是其一大特色。从现存遗址看，齐长城基本是建在整个泰沂山区和胶南高地南北分水岭上。这条分水岭因齐长城行经其上，所以在许多史志中一般将其称作"长城岭"。将长城建在分水岭上，可以充分利用分水岭这一天然屏障的优势，从而节省大量人力物力；可以避免雨季洪水对长城的破坏，从而提高长城建筑的安全性，提高防御效能。

齐长城在设计和兴建过程中，为了充分满足建筑功能的需要，仅建筑形制就采用了三种不同的形式：夯土长城、石砌长城和山险替代长城。从功能设计上看，无论是夯土长城、石砌长城，还是山险替代长城，其中的共同的特点就是：能够体现出高度的科学性与技术性；能够充分利用地势的特点，降低建筑成本，使军事防御功能得到最大程度的发挥。

齐长城作为齐国历史上修筑时间最长、工程总量最大的军事防御工程，是齐国科技和国力的综合体现，是齐国军事建筑的典型代表，也是我国古代军事建筑的重要内容之一。堪称"世界壁垒之最"。

齐长城作为古代的军事防御体系，在它的修筑过程中，曾经运用了当时最先进的知识、技术和工具，涉及建筑学、军事学、政治学、地理学、人类学、气象学等多个学科。千里齐长城不愧为中华民族的一座历史文化宝库。

无论是布局科学合理、规模恢宏的齐故城，翔实丰富的齐国建筑造型与装饰艺术，还是独树一帜的齐国军事建筑，都充分反映了齐国建筑的艺术成就，并呈现出浓郁的地域特色。特别是作为中国古代建筑思想重要组成部分的齐国建筑理论体系，不仅成为中华建筑文明的重要源泉，影响中国建筑思想与实践长达几千年，而且为丰富和发展我国及世界传统建筑文化做出了重要贡献。因此，深入研究和探讨齐国建筑装饰艺术及其特色，必将促进我国传统建筑文化研究的整体学术水平，并对完善我国古代建筑发展史和提高现代建筑的创新意识产生积极作用。

齐文化是中华民族优秀传统文化的重要组成部分，有开放进取、兼容并蓄的特质。发展、改革、开放是齐文化的精髓。齐国发展经济、倡导开放、富国强民的优良传统，成为今天齐鲁经济文化和对外开放事业不断发展的文化背景和历史渊源。

新时代，新征程，保护和研究这些遗址，我们责无旁贷。

经典赏读

晏子使楚……见楚王。王曰："齐无人耶，使子为使？"晏子对曰："齐之临淄三百闾，张袂成阴，挥汗成雨，比肩继踵而在，何为无人！"王曰："然则何为使子？"晏子对曰："齐命使，各有所主。其贤者使使贤主，不肖者使使不肖主。婴最不肖，故宜使楚矣！"

——《晏子春秋》

〔注释〕 ① 闾（lú）：古代二十五家为一闾。② 袂（mèi）：袖口。③ 不肖：不成材。

〔赏析〕 一方水土养一方人，强大的齐国、博大的齐文化成就了一批具有家国情怀的努力奋进的子民。豪爽与礼数、理性与义气、朴野与巧智、开放与坚守、委婉与率直，这些看似矛盾的双重性在齐鲁人的骨子里融合成一体，形成了齐鲁大地独特而富有磁性的气度和风范。"晏子使楚"的外交智慧维护了自己和国家的尊严，表现了强烈的爱国情怀。

知识链接

田单火牛阵

战国时期，燕齐两国交战。燕国发兵半年，接连攻陷齐国七十多座城池。最后只剩莒城和即墨两个地方。即墨城里没有守将，差点儿乱了起来。这时候，齐王的一位远房亲戚田单，因为带过兵，被大家公推为将军，率领大家守城。

为了赶走燕军，田单想了一计。一天夜里，他挑选了一千多头牛，把它们打扮起来：在牛身上披上一块被子，被子上面画上大红大绿、稀奇古怪的图案；牛角上捆上两把尖刀，尾巴上系上一捆浸透了油的苇束。田单命令凿开十几处城墙，把牛队赶到城外，并且在牛尾巴上点了火，让牛群朝着燕军兵营方向猛冲过去。同时齐军的五千名"敢死队"拿着大刀长矛，紧跟着牛队，冲杀上去。此时的燕军睡意正浓，突然看到火光闪耀，成百上千的脑壳上长着刀的"怪兽"朝自己奔来，吓得腿都软了，哪儿还敢抵御呢？

齐军乘胜反攻，那些被燕国占领地方的将士和百姓，都纷纷起兵，杀了燕国的守将，迎接田单。田单的部队打到哪儿，哪儿的百姓便群起响应。几个月工夫，田单就收复了被燕国和秦、赵、韩、魏四国占领的七十多座城池。

十六　国泰民安佑华夏——泰山文化

经典故事

传说盘古开天辟地，他死后头变成了东岳，腹变成了中岳，左臂变成了南岳，右臂变成了北岳，两脚变成了西岳，眼睛变成了日月，毛发变成了草木，脂膏变成了江河。因为盘古开天辟地造就了世界，后人尊其为人类的祖先。因为泰山是由盘古的头所变，所以，泰山就成为至高无上的"天下第一山"，成了五岳之首。

泰山作为五岳之首，古建筑群丰富多样，涉及儒家、道家、佛家以及民间宗教，体现了中华文化内涵的丰富性和多样性。其中最具特色、占据核心位置的是岱庙建筑群。以天贶（kuàng）殿为主体的岱庙建筑群作为古代封禅文化的物质载体，反映了敬天保民的政治传统，更加凸显了泰山"五岳独尊"的地位，使泰山成为社稷稳定、国家昌盛的象征。

1. 五岳之首——泰山

泰山是中华民族的象征，是灿烂东方文化的缩影，是"天人合一"思想的展现。1987年，泰山被列入世界文化与自然遗产名录。泰山巍峨雄伟，峻拔壮观，有拔地通天之势，与衡山、华山、嵩山、恒山并称为"五岳"。因泰山地处东部，故称"东岳"。东方为太阳最早升起的地方，古人以东方为万物交替、初春发生之地，故泰山有"五岳之尊"的美称。

泰山，是世界文化与自然双遗产，形成于28亿年前的太古代。它的地质构造复杂，地貌奇特，为国内外地质学家所瞩目。俯瞰泰山，六条溪谷从山顶向六个方向辐射，将泰山山系分为不规则的区域，形成了泰山著名的幽、旷、奥、秀、妙、丽六大景区，各具特色，具有极高的美学价值。

泰山，自古以来就备受推崇，有"泰山安，四海皆安"的说法。自秦始皇封禅泰山后，历朝历代帝王不断在泰山封禅和祭祀，并且在泰山建庙塑神、刻石题字。古代的文人雅士更对泰山仰慕之至，纷纷前来游历，作诗记文。泰山宏大的山体上留下了3 000余处碑碣石刻。现有旧遗址97处，主要为乌珠台智人化石、大汶口文化等遗址。古建筑尚有58处，其中较为完整的有26处，总面积达14万平方米。

因"在一定时期内或世界某一文化区域内，对建筑艺术、纪念物艺术、城镇规划或景观设计方面的发展产生过重大影响"，泰山的岱庙天贶殿及岱庙建筑群被列入世界遗产保护名录。

（1）岱庙

岱庙建筑采用帝王宫城的式样，总体布局上按照唐宋以来祠祀建筑中最高标准修建，采用了以三条纵轴线为主、两条横轴线为辅，均衡对称，向纵横双方扩展的组群布局形式。

岱庙以其内部建筑排列布局来展示儒家礼制观念，整个建筑群以一条南北向的纵轴线为中心，均衡地横向扩展。其主体建筑——天贶殿位于高大的双层品级台上，东环廊的中间为鼓楼，西环廊的中间为钟楼。天贶殿建在中轴线偏后点，面阔九间，重檐庑殿顶，等级最高；后寝宫面阔五间，单檐歇山顶，低一个等级；配天门、仁安门面阔五间，单檐歇山顶，为门的形式，又低一个等级。

（2）天贶殿

天贶殿是岱庙的主体建筑，位于岱庙仁安门北侧，传为宋代创构。元称仁安殿，明称峻极殿，民国始称今名。天贶殿是中国现存的古代三大宫殿式建筑群之一，又是其中年代最早的建筑，黄琉璃瓦顶，筑于大露台之上，雄伟壮丽，金碧辉煌。

殿内东、西、北墙壁上绘有巨幅壁画《泰山神启跸（bì）回銮图》，描绘了泰山之神出巡的盛况。东半部是出巡，西半部是回銮。整个画面计675人，加以祥兽坐骑、山石林木、宫殿桥涵，疏密相间，繁而不杂，是中国道教壁画杰作之一。大殿重台宽广，雕栏环抱。中置明代铁铸大香炉和宋代两大铁桶；两侧有御碑亭，内立乾隆皇帝谒岱庙诗碑。

（3）泰山石敢当

古时候有很多禁忌和崇拜，"泰山石敢当"就是其中之一。民间传说，把刻有"泰山石敢当"的石碑立于桥道要冲或砌于房屋墙壁上，可镇压一切不祥之邪。有"石敢当，镇百鬼，压灾殃，官吏福，百姓康，风教盛，礼乐张"之赞誉。因此，"泰山石敢当"被尊为"镇宅之宝"，甚至在人们心目中成了正义的化身，被誉为泰山平安文化的传播大使。2006年6月，"泰山石敢当习俗"被国务院公布为我国第一批国家级非物质文化遗产。

2. 泰山封禅

泰山自古便被视为是社稷稳定、政权巩固、国家昌盛的象征，因此成为中国唯一受过皇帝封禅的名山。无论是帝王将相，还是名人宗师，都对泰山仰慕之至。孔子"登泰山而小天下"，传为佳话；杜甫"会当凌绝顶，一览众山小"，成千古绝唱。历代赞颂泰山的诗词歌赋多达一千余首。封禅是古已有之的礼仪。尤其自秦始皇东巡"登临泰山，周览东极"，大举封禅后，历代帝王或亲赴，或派使臣，纷纷登泰山祭祀封禅。泰山脚下的岱庙就是举行封禅大典和祭祀泰山神的地方。按照《史记·封禅书》张守节《正义》解释："此泰山上筑土为坛以祭天，报天之功，故曰封。此泰山下小山上除地，报地之功，故曰禅。"封禅的种种目的与象征，都包含着更为深潜的意识：沟通天人之际，协调天、地、神、人之间的关系，使之达到精神意志与外在行为的和谐统一。

今天，泰山已成为国家和平统一、国富民强的象征。泰山山体的视觉形象端庄凝重，雄伟壮丽，给人以高大、厚重、敦实、坚毅、稳固、安定、壮观、壮美的感觉与审美效果。泰山文化的底蕴、内涵博大精深，融儒学、道家、佛教于一体，体现了中华文化内涵、底蕴、根脉的丰富性和多样性。这种特有的包容性成就了泰山文化的博大精深。

经典赏读

泰山不让土壤，故能成其大；河海不择细流，故能就其深；王者不却众庶，故能明其德。

——秦·李斯《谏逐客书》

〔释义〕 泰山不舍弃任何土壤，所以能那样高大；河海不排斥任何细流，所以能那样深广；帝王不拒绝任何臣民，所以能显示他们的恩德。

〔赏析〕 著名泰山研究专家李继生先生，把泰山文化的内涵归纳为四句话："泰山的品德是虚怀若谷、与人为善，泰山的个性是顶天立地、大义凛然，泰山的精神是坚韧不拔、自强不息，泰山的主题是发育万物、峻极于天。""泰山不让土壤，故能成其大"，即表现了泰山包容万物，虚怀若谷的博大胸怀。水无点滴量的积累，难成大江河；人无点滴量的积累，难成大气候。没有兢兢业业的辛苦付出，哪来甘甜欢畅的成功喜悦？没有勤勤恳恳的刻苦钻研，哪来震撼人心的累累硕果？只有自强不息，辛勤付出，才能有收获。

知识链接

《中华泰山·封禅大典》

《中华泰山·封禅大典》是由梅帅元先生及其团队精心打造的一台大型山水实景演出。演出总时长约80分钟，共分为7个篇章，包括：序幕；金戈铁马——秦；儒风雅乐——汉；盛唐气象——唐；艺术王朝——宋；康乾盛世——清；尾声。500名演员，5 000套霓裳华服，穿越了中国5 000年的历史时空，演绎了中华民族的历史故事，真实再现了秦、汉、唐、宋、清五朝的帝王封禅场景。

十七　运通货利海河情——海河文化

经典故事

戚继光19岁时负责管理登州卫所的屯田事务。当时山东沿海一带遭到倭寇的烧杀抢掠，戚继光写下了"封侯非我意，但愿海波平"的诗句。25岁时，戚继光被提升为都指挥佥事，管理登州、文登、即墨25个卫所。他积极防御山东沿海的倭寇，使山东沿海的防务大大改观。27岁时，戚继光被调到浙江、福建等东南沿海一带，在那里抗击倭寇十余年。针对沿海地形多沮泽、倭寇小股分散的特点，他创立攻防兼宜的"鸳鸯阵"，发挥集体互助、长短兵器结合的力量，机动灵活打击敌人；训练的能征善战的"戚家军"，扫平了在东南沿海多年为虐的倭患。

戚继光在我国东部沿海抗倭15年，平定自元朝末年以来侵扰中国沿海达二百年之久的倭患，使我国的万里海疆重得安宁。齐鲁大地，海岸线绵延数千公里；境内黄河横贯东西，大运河纵穿南北，长度在50公里以上的河流达1 000多条，5公里以上的支流超过5 000条。在海与河相交之处，齐鲁大地悠久的历史不但孕育出了独特的海河文化，更为这片土地留下了众多的历史遗迹和历史故事。

1. 蓬莱与仙山

蓬莱作为具有悠久历史和灿烂文化的海滨城市，有着上千年的建城历史，神仙文化、精武文化、州府文化积淀深厚。精武文化以戚继光和蓬莱水城为代表，体现了爱国主义的中华正气；州府文化以"勤""实"为主线，体现了勤劳上进的精神面貌；海洋文化以"蓝色文明""海上丝绸之路"、登州古港为代表，映射出蓬莱包容、开放的胸怀与气度。

蓬莱素有"仙境"之誉，是东方神话的发源地。中国神话传说渤海中有三座仙山：蓬莱、瀛洲、方丈。从秦始皇东巡求药到汉武帝御驾访仙，从白居易笔下的"忽闻海上有仙山，山在虚无缥缈间"到苏东坡的"东方云海空复空，群仙出没空明中"，神仙文化长盛不衰。当地名胜"蓬莱阁"，就是民间传说中八仙过海的地方。蓬莱阁是历代文人雅集、道士修真之胜地。就其神仙文化历史之悠久、底蕴之深厚、内容之丰富而言，蓬莱阁在全国的同类古建筑群中是首屈一指的。

2. 运河与山东

京杭大运河对中国南北地区之间的经济、文化发展与交流，特别是对山东沿线地区工农业经济的发展起了巨大作用。从元代至清中期五百多年间，运河是沟通中国北方政治中心和南方经济中心的交通动脉。对国家政治稳定、经济发展起到十分重要的作用。运河的畅通，"船舶往来，商旅辐辏（còu）"，使运河沿线的德州、聊城、济宁、台儿庄成为交通转输和贸易的重镇。

江北水城——聊城。聊城，一座古朴安静的水城，地处鲁西平原，黄河与京杭大运河在此交汇，素有"中国北方的威尼斯"之称。古为齐国城邑，明代称东昌府。明清时期借助京杭大运河漕运之利，成为沿岸九大商都之一，被盛誉为"江北一都会"。

运河古城——台儿庄。台儿庄位于枣庄市，地处山东省的最南端。台儿庄是运河文化的承载体，至今仍保留有不少的遗存，被世界旅游组织誉为"活着的运河""京杭运河仅存的遗产村庄"。

运河之都——济宁。济宁市是京杭大运河山东段沿岸最大的港口城市，素有"中国运河之都"的美称，是大运河中段的交通枢纽、南北物资运输的水运重镇。

经典赏读

后岁余，汉灭项籍，汉王立为皇帝，以彭越为梁王。田横惧诛，而与其徒属五百余人入海，居岛中。高帝闻之，以为田横兄弟本定齐，齐人贤者多附焉，今在海中不收，后恐为乱，乃使使赦田横罪而召之……田横乃与其客二人乘传诣雒阳。

未至三十里，至尸乡厩置，横谢使者曰："人臣见天子当洗沐。"止留。谓其客曰："横始与汉王俱南面称孤，今汉王为天子，而横乃为亡虏而北面事之，其耻固已甚矣。且吾亨人之兄，与其弟并肩而事其主，纵彼畏天子之诏，不敢动我，我独不愧于心乎……"遂自刭，令客奉其头，从使者驰奏之高帝。高帝曰："嗟乎，有以也夫！起自布衣，兄弟三人更王，岂不贤乎哉！"为之流涕，而拜其二客为都尉，发卒二千人，以王者礼葬田横。

既葬，二客穿其冢旁孔，皆自刭，下从之。高帝闻之，乃大惊，以田横之客皆贤。吾闻其余尚五百人在海中，使使召之。至则闻田横死，亦皆自杀。于是乃知田横兄弟能得士也。

——《史记·田儋列传》

〔注释〕 ① 乘传（zhuàn）：乘坐驿车。传，驿站的马车。② 南面称孤：称王。③ 亨（pēng）：同"烹"，煮。

〔赏析〕 "田横五百士"的故事充分体现了中华民族自古以来所推崇的"威武不能屈"的品质，千百年来一直为后人所称赞。今山东即墨有田横岛，其得名即缘于此事。

知识链接

"八仙过海"传说

"八仙过海"是中国民间流传最广的道教神话故事之一，传说中这个故事就发生在蓬莱。八仙，相传为八位不同身份、手持不同宝器的仙人：铁拐李是以乞丐面目出现的官吏，法宝是"葫芦"；汉钟离是将军，法宝是"扇子"；张果老是一位寿者，法宝是"渔鼓"；吕洞宾是儒生，法宝是"宝剑"；何仙姑是民间妇女，法宝是"荷花"；蓝采和是优伶，法宝是"竹篮"；韩湘子是年轻出家的富贵弟子，法宝是"箫"；曹国舅是皇亲国戚，法宝是"云板"。八仙过海时不乘船而以自身法宝作为渡海工具，在民间和文人笔下留下了一段脍炙人口的山海传奇和"八仙过海，各显神通"的佳话。

学以致用

1. 实地寻访当地的文物古迹，进行考察，写一份考察报告，并说明如何保护当地的文化古迹。

2. 有机会可选择曲阜"三孔"、临淄、泰山、蓬莱以及台儿庄中的一处或几处进行参观、学习和考察，了解山东不同地区的地域文化，并写一份考察报告。事后，在班内交流、学习，从而号召大家热爱家乡，保护文物古迹。

第六单元 民俗风情多姿多彩

　　齐鲁大地自古就有"礼义之邦"的美称，源远流长的礼义文化和个性鲜明的地域特色，孕育出多姿多彩的民俗风情。表达欢迎与祝愿的诞生礼、寄寓认可与祝福的婚嫁礼、承载感恩与怀念的丧葬礼……组成了贯穿生命过程的礼俗文化。中正大气、平和养生的鲁菜，历史悠久、千年传承的鲁酒，注重礼节、讲究规矩的餐桌礼仪，"食不厌精，脍不厌细"的饮食要求……造就了源远流长的饮食文化。辞旧迎新的春节、祭祖踏青的清明节、粽叶飘香的端午节、赏月团圆的中秋节……承载了传承民族精神与情感的节日文化。

　　齐鲁民俗文化是人们情感沟通的纽带、彼此认同的依据，折射出民族的精神与性格。

十八　博文约礼世事宁——礼俗文化

经典故事

　　钱钟书先生是一位国学大师。周岁"抓周"时，他抓了一本书。因为当地人认为，小孩子伸手抓到的这件东西代表着他的志向，所以父亲钱基博就给他取名"钟书"。

　　钱钟书果然没有辜负长辈的期望。他三岁认字，五岁上小学，六岁读《诗经》，七八岁读小说……他一生到底读了多少书，我们已无法得知。据统计，仅他的《管锥编》里面引述到的书就有10 000多种，除中国古代经典，还有英语、法语、德语、意大利语、西班牙语和拉丁语等原版书2 000多种。

　　上面讲到的"抓周"是在中国很多地区流行的一种对新生命寄寓美好祝愿的传统礼俗，与三朝礼、满月酒、百日礼等同属传统的诞生礼俗，是生命礼仪的一部分。生命礼仪是贯穿人整个生命过程的关键节点，承接上一段生命历程，又开启新的生命前景。它从一个新生命的诞生开始，经历成长、婚姻等环节，直至生命的逝去。

1. 诞生礼

　　诞生礼，被称为"摇篮边的礼仪"，是人们为庆祝新生儿诞育而举行的一系列富有寓意的程式化的活动，因为对应人生第一个重要阶段而倍受重视。诞生礼由几组礼仪组成：婴儿降生，有诞生报喜；3日后，行三朝礼；出生1月，行满月礼；出生百天，行百日礼；1周岁时，行周岁礼。

　　婴儿降生后，为了分享新生命降临的喜悦，婴儿的父亲会持红鸡蛋、喜饼等向乡亲邻里、姻家亲戚等报告喜讯。报喜活动蕴含了家庭、家族和社会对新生命的期待与关注，具有稳固姻亲关系等意义。

　　婴儿出生后的第3日，举行第一次洗浴的仪式，亲朋好友都来祝贺，俗称

庆祝婴儿降生的胶东花饽饽

"洗三",又叫"贺三朝",是庆祝添丁进口的仪式。主人家备酒菜或汤面招待亲朋好友,俗称"汤饼筵",也叫"吃三朝酒"。"洗三"意味着人生的开始和得到社会的正式认可,包含洗涤污秽、消灾免难、祝福新生命等含义。

婴儿出生后的第6日、9日或12日,亲戚朋友,特别是产妇的娘家来祝贺添喜,给产妇送些鸡蛋、面粉、小米、点心等礼品,俗称"送粥米",或称送祝米、送米、送汤米、送糖米、下汤、送乳汁米、看欢喜、吃面、吃大面、做日子等。主人家则要设宴招待前来贺喜的亲友。

婴儿出生满1个月时,主人家请"满月酒",邀请亲朋见证祝福婴儿健康长寿,俗称"满月",或"弥月之喜"。满月是婴儿步入社会的前奏曲,在庆祝仪式上,主人家为婴儿剃胎发,祝愿婴儿从头开始,一生幸福美满;婴儿穿新衣、取乳名、认亲戚……

抓周试志

婴儿出生100天后,要行"百日礼"。百日礼是介于三朝、满月与周岁礼之间的庆贺仪式,俗称"百晬"。民俗中有"三日看相,百日看长"观念,认为百日是个大关,过了百日婴儿就有希望平安成长了。"百日"这一天,主人家举行汤饼会,为孩子穿百家衣、戴长命锁,祈祷孩子长命百岁。亲戚朋友送衣服、鞋袜、银镯,以及面粉蒸制的寿桃等礼品,祝愿婴儿健康平安。

婴儿1周岁生日时举行周岁礼,这是婴儿被正式承认为社会成员的标志,主要仪俗是"抓周试志"。家人提前准备书、笔、算盘、秤、尺、玩具等,任小孩自由抓取,以此预测小孩日后的兴趣、性格、志向和前途。"抓周"包含鲜明的庆贺、纪念、祈愿等意义,表达了父母望子成龙的心愿。

在庆祝新生儿从出生到逐渐成长的过程中,自始至终都贯穿着人们珍惜生命、热爱生活的美好情感和对婴儿未来美好生活的祝愿与憧憬,集中体现了中华礼仪积极健康、寓意深刻的特点。

2．婚嫁礼

"三书六礼"是中国传统婚礼的重要礼仪，包括了从求婚、订婚到结婚等过程的全部文书和礼仪。

"三书"指婚嫁礼俗中所用的文书，包括聘书、礼书和迎书。聘书，是订亲的文书，是在纳吉时男家交给女家的书柬；礼书，是在过大礼时所用的文书，列明过大礼的物品和数量；迎书，是迎娶新娘的文书，是迎接新娘过门时，男方送给女方的书柬。

"六礼"指由求婚至完婚的整个结婚过程，包括纳采、问名、纳吉、纳征、请期和亲迎。纳采是全部婚姻程序的开始，即男家遣媒人往女家提亲，送礼求婚；问名是行纳采礼后，男方遣媒人将写有女方姓名、生辰八字的庚帖带回，以便议门第、卜吉凶；纳吉又称"过文定"，即将庚帖置于神像前或祖先案上请示吉凶，以肯定双方年庚八字没有相冲相克，初步议定婚事；纳征又称过大礼，即男家把聘书、礼书、聘礼送到女家，是婚姻成立的主要标志之一；请期又称乞日，即男家择定结婚的良辰吉日，并征求女家的同意；亲迎是在结婚吉日，穿着礼服的新郎偕同媒人、亲友亲自前往女家迎娶新娘。

传统婚礼仪式上，大红色烘托出喜庆、热烈的气氛，吉祥、祝福、孝敬成为婚礼的主旨。"拜堂"又称"拜天地"，是婚礼仪式中最重要的环节，每一拜都有美好的寓意。"一拜天地"寄寓对天地自然的感谢；"二拜高堂"寄寓感恩孝敬父母；"夫妻对拜"寄寓夫妻平等互敬、家庭和美。拜堂成亲后，女子正式被承认为男方家族的一员。

婚礼的完成，标志着结婚的夫妇步入建立家庭、发展家族、传宗接代的人生阶段。传统婚嫁礼既是结婚的夫妇通知亲属邻里以取得社会认可的媒介，又是履行对父母及亲属责任的重要标志。传统婚俗严密完整、肃穆隆重的礼仪程序折射出人们对婚姻的重视。因此，在古代某些时期，结婚的夫

婚礼

妇若"三书"不全，没有完整的"六礼"过程，婚姻便不被承认为明媒正娶。

3．丧葬礼

丧葬礼是关于死亡的礼俗，是人们不得不面对的重大人生礼仪，包含了人们

对死亡的恐惧、对灵魂的敬畏、对新生的憧憬和对永恒生命的追求等。

中国古代的丧葬礼按阶级划分，主要有官修和私修两大类。汉代已经开始制定王室贵族的丧葬仪礼；到了魏晋时期，官修丧礼制度逐渐扩展到有品级的官员。官修丧礼不及于庶人，为了弥补官修丧礼的不足，由宋至清，朱熹的《文公家礼》普遍为士人及庶民所依循；明清两代更是将《文公家礼》推崇为私修丧礼的具体代表，颁行天下，供百姓通用。

丧葬礼可分为安葬制度和居丧制度。安葬指处置死者遗体的方式，包括停灵、报丧、吊唁、入殓、丧服、下葬等。居丧，又称丁忧，是人们为了表达对死者的哀悼之情而产生的一种习俗，涉及饮食、居处、哭泣、容体、言语、衣服、丧期等。

中国传统的丧葬礼是维系家庭、族群孝道伦理的重要礼仪规范，体现了"慎终追远"的精神特质，传达了缅怀逝者与抚慰生者的人文关怀。

丧葬礼贯穿着中国传统的孝观念。主要表现在：一是"丧尽礼"。初丧中沐浴、更衣、饭含、覆面等仪式是"事生"的后续行为，不因死者谢世而有所懈怠。二是"哀戚之至""节哀顺变"。在葬礼的整个过程中自然流露、竭力宣泄内心的哀痛之情，同时哀痛又要有节制，不能"以死伤生"。三是"祭尽诚"。生者与死者的关系不因葬礼的结束而停止，葬礼之后的守孝、服丧、扫墓、祭祖等仪式，表达生者的哀悼之情，体现"死，葬之以礼，祭之以礼"的精神。

丧葬礼体现了中国传统的"和"文化。主要表现在：一是促进家室、宗族的和谐。丧葬礼仪是民间隆重而讲究的礼仪活动，需要家族成员、邻里的参与，是一次社会聚合的机会。通过处理丧葬事宜，促进了家族内的交流，达到了邻里之间的互帮互助，实现了对子孙后代的教育、教化。二是体现了人与自然和谐相处的观念。比如"入土为安"的传统观念，体现了从自然中来，又回到自然中去的思想；清明植树插柳的习俗也与丧葬礼有关。

传统丧葬礼中也存在不适应现代文明发展的成分，如鸣炮、哭丧、撒纸钱等喧闹扰民的仪式，隆礼、厚葬、重祭等铺张浪费的现象，这些都应该改革摒弃。现代文明提倡勤俭节约、厚养薄葬、节哀顺变，主张绿色殡葬、文明祭奠，在传承传统丧葬礼俗"孝"文化与"和"文化的同时，要注重培养尊重生命、与人为善、绿色环保等观念。

经典赏读

诗经·国风·桃天

桃之夭夭，灼灼其华。之子于归，宜其室家。

桃之夭夭，有蕡其实。之子于归，宜其家室。

桃之夭夭，其叶蓁蓁。之子于归，宜其家人。

〔注释〕 ① 夭夭：绚丽茂盛的样子。② 灼灼：花朵盛开的样子。③ 之子：指出嫁的姑娘。④ 归：女子出嫁。⑤ 室家：指夫妇。⑥ 有蕡（fén）：即蕡蕡，指果实肥厚的样子。⑦ 蓁蓁（zhēn）：树叶茂盛的样子。

〔赏析〕 这首诗表现的是古代的婚嫁礼俗。诗中没有夸耀男方家世如何显赫，也没有渲染女方陪嫁如何丰盛，而是一再强调要使家庭和美的品德，反映了百姓对生活的热爱，对幸福、和美的家庭的追求，朴实而真挚。

知识链接

结发夫妻的由来

"结发"是中国古代婚礼中的一个重要仪式。女子许配人家以后，便用"缨"来束发。到女子成婚时，"缨"才由新郎亲手从她的头发上解下。汉唐诗歌中，多有与"结发"有关的诗句，如"与君初婚时，结发恩义重"（曹植《种葛篇》）、"结发为君妻，席不暖君床"（杜甫《新婚别》），说的就是这种婚礼仪式。到了唐代中后期，"结发"由婚前系缨、成婚时脱缨，演变成新婚夫妇在喝交杯酒前，各剪下一绺头发，绾在一起表示夫妻同心。后来，人们就习惯以"结发夫妻"指代原配夫妻了。

十九　美酒佳肴情意传——饮食文化

经典故事

潍坊朝天锅

清乾隆年间，"扬州八怪"之一的郑板桥担任潍县县令时，对民间疾苦十分关心。某年腊月，他微服赶集了解民情，见当时赶集的农民吃不上热饭，对他们很是同情，回去之后就命人在集市上架起大铁锅，为路人煮菜热饭，锅内煮着鸡肉、猪肚、猪肠、肉丸子等各色肉品和豆腐干等。汤沸肉烂，众人围锅而坐，由掌锅师傅舀上热汤，加上香菜和酱油，并备有薄面饼，随意自用，因锅无盖，当地人便称之为"朝天锅"，从此流传开来。

1. 山东饮食文化概说

山东是我国饮食文化发展最早的地域，饮食文化历史悠久、灿烂丰富、博大精深。"大汶口文化""龙山文化"出土的红陶、黑陶、蛋壳陶等饮食器皿，代表了新石器时代的烹饪文明；儒家创始人孔子在《论语·乡党》中提出了"食不厌精，脍不厌细"的饮食要求；北魏贾思勰《齐民要术》对主要是齐鲁地域内的烹饪技艺做了系统的理论总结；唐代段文昌讲究饮食，自编《邹平公食经》；饮食之道也是文人墨客吟咏的话题，唐代杜甫、宋代苏轼、清代王士禛等都曾留下描写山东宴席美食的诗篇。

孔子最早提出关于饮食卫生、饮食礼仪等方面的内容，主张饮食简朴，讲究饮食艺术，提出"食不厌精，脍不厌细"的理念，对中国饮食理论，尤其是山东饮食文化的发展产生了深远的影响。

2．鲁菜

鲁菜位列中国传统八大菜系之首，具有鲜明的风味特色。鲁菜以咸鲜为主，讲究原料质地优良，以盐提鲜，以汤壮鲜，调味讲求咸鲜纯正，突出本味；鲁菜火候精湛，有"食在中国，火在山东"之说；鲁菜精于制汤，讲究"清汤""奶汤"的调制，清浊分明，取其清鲜；鲁菜善烹海味，不论参、翅、燕、贝，还是鱼、蚧、虾、蟹，经厨师的妙手烹制，都可成为精鲜味美的佳肴；鲁菜注重礼仪，"十全十美席""大件席""鱼翅席""翅鲍席""海参席""燕翅席""四四席"等正规筵席，都体现出鲁菜典雅大气的一面。

鲁菜以齐鲁文化为根基，以儒家思想为背景，讲究均衡和谐。经千年培育积累，鲁菜系逐渐形成包括青岛在内、以福山帮为代表的"胶东派"，以及包括德州、泰安在内的"济南派"流派，有堪称"阳春白雪"的典雅华贵的孔府菜，别具特色的博山菜，还有风格各异的众多地方菜和风味小吃。

孔府菜在山东乃至全国菜系内占有一席之地，是独树一帜的"公馆菜"。在孔府日常生活中，孔府历代主人遵循先祖孔子关于饮食的理念，对饮食精益求精；此外还常迎接圣驾，接待各级祭孔官员，因此孔府饮食酒宴频繁而讲究。孔府膳食用料广泛，上至山珍海味，下至瓜果豆菜等，皆可入馔。日常饮食多是就地

当朝一品锅

取材，而以乡土原料为主。孔府菜制作讲究精美，重于调味，工于火候；口味以鲜咸为主，火候偏重于软烂柔滑；烹调技法以蒸、烤、扒、烧、炸、炒见长。著名的菜肴有"当朝一品锅""御笔猴头""御带虾仁""带子上朝""怀抱鲤""神仙鸭子""油泼豆莛"等。孔府膳食的菜肴品种不胜枚举，是千百年来历代孔府烹饪大师们勤劳智慧的结晶，是一份珍贵的文化遗产。孔府菜对于山东菜的形成和发展也产生了深远的影响。

孔府宴席用于接待贵宾、生辰佳日、婚丧喜寿等。宴席遵照等级，有不同的规格。最有名的是用于接待皇帝和钦差大臣的"满汉全席"，这是以清代宫廷宴会的规格设置的，使用

满汉全席

全套银餐具，上菜196道，全是山珍海味。

鲁菜在数千年的发展历史中哺育着齐鲁大地的代代生民，也渗透着齐鲁大地的文化品格。鲁菜在技法上的"五味均善"，在包容外来饮食特点的同时，保持自身的独立品格，体现了"中和"的品格，也透露出堂堂正正的"正统"气派。正如张起钧先生所说："大方高贵而不小家子气，堂堂正正而不走偏锋，它是普遍的水准高，而不是一两样或偏颇之味来号召，这可以说是中国菜的典型了。"

3．鲁酒

山东是中国酿酒的发源地。1979年，在山东莒县大凌河墓址出土了大汶口文化时期的成套酿酒器，这说明在5 000多年前山东就已出现了较成熟的酿酒技术。在山东酿酒历史上，黄酒、白酒、调制酒都有精品问世，黄酒有兰陵美酒、即墨老酒等，白酒有景芝白干、琅琊台酒等，调制酒有济宁金波酒、平阴玫瑰酒等。

鲁酒文化千年传承。西周时期，鲁国就有严格的饮酒礼节；《论语》中6次提到酒，其中最著名的见解是"惟酒无量，不及乱"；《史记·滑稽列传》记载了淳于髡与齐威王关于饮酒的对话，阐述了"酒极则乱，乐极则悲"的理论；孔融、王戎等文人才子多次评说饮酒是非；欧阳修、黄庭坚等诗文大家留下不少咏酒佳句；济宁太白楼是名传千古的酒文化圣地。

从我国先民发明酿酒技术开始，酒就成为人们日常生活和社会交往中不可或缺的物品。齐鲁之邦是美酒飘香、酒风淳朴的著名酒乡，山东人自古以来就以热情好客、喜酒豪饮著称，设酒待客是山东人最隆重的待客方式。酒能拉近朋友之间的距离，融洽宾主情谊。适度饮酒能增进感情，但喝酒、劝酒都要适可而止。极度劝酒、一醉方休的待客理念已经不适用于现代社会，文明饮酒才是真正的酒文化。

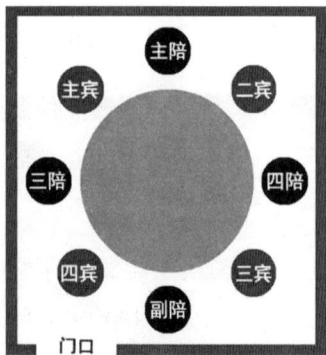

酒席座次排列图

4．餐桌礼仪

山东人热情好客，讲究饮酒的礼节，体现着"礼义之乡"的风范。饮酒时，宾主、长幼、座次等都有讲究。

酒席座次排列有序。如图所示：主陪一般坐正对门口的位置，是酒场的组织者，或是酒场组织者觉得自己级别不够而特意请来的一位德高望重的人。副陪坐在主陪正对面的位置，是主陪的副手，是为大家服务的。三陪在主陪右侧，主、副陪中间的位置。四陪在三陪正对面的位置，在整个桌上身份地位是最低的。主宾在主陪右手边第一个位置，是酒席上最尊贵的客人，一般是被宴请的客人中最重要，或最年长的人。二宾、三宾、四宾按重要程度或年龄依次坐在主陪左手边第一个位置、副陪右手边第一个位置、副陪左手边第一个位置。这样双方交叉而坐的座次，既方便主人照顾客人，又方便主客交流。

敬酒是一种非常重要的宴会礼仪。一般晚辈应该给长辈敬酒，接受别人敬酒之后应回敬对方。

山东人请客，酒桌上必定要有鱼。鱼在山东算"大菜"，酒桌上叫"大件"。一般上鱼的时候，鱼头冲着最尊贵的客人，表示对客人的尊重。客人要喝鱼头酒，冲着尾巴方向的人要喝鱼尾酒，然后大家一起吃鱼。

日常吃饭时也有很多礼仪要求，《礼记·曲礼》中要求：不可只顾自己吃饱，要检查手是否清洁，不要把多余的饭放进锅中，不要喝得满嘴淋漓，不要吃得啧啧作声，不要啃骨头，不要把咬过的鱼肉又放回盘碗里，不可以大口出声地喝汤，不要当众剔牙齿……这些礼仪一直延续到现代社交场合。遵守饮食礼仪是一个人有修养的体现。

国学大师钱穆先生认为，中国文化的核心思想就是"礼"。中华礼俗所体现的敬天、尊祖、孝亲、谦让等文化精神，是中国文化区别于世界上其他文化的独特内涵。

经典赏读

客中作

唐·李白

兰陵美酒郁金香，玉碗盛来琥珀光。
但使主人能醉客，不知何处是他乡。

〔注释〕　① 客中：指旅居他乡。② 兰陵：今临沂兰陵。③ 郁金香：散发郁金的香气。郁金，一种香草，用以浸酒，浸酒后呈金黄色。④ 琥珀：一种树脂化石，呈黄色或赤褐色，色泽晶莹。这里形容美酒色泽如琥珀。⑤ 醉客：让客人喝醉酒。

〔赏析〕　这是一首赞美美酒清醇、主人热情，表现诗人豪迈洒脱精神境界的诗歌。当时李白客居兰陵，当地好友以美酒招待他，让他流连忘返。从这首小诗里，我们可以真切地感受到鲁酒的淳美和山东人热情好客的品质。

知识链接

山东特色小吃

1. 济南九转大肠
2. 济南拔丝山药
3. 枣庄辣子鸡
4. 烟台鲅鱼水饺
5. 枣庄菜煎饼
6. 济宁甏肉干饭
7. 威海手撕鲅鱼
8. 莱芜雪野鱼头
9. 德州扒鸡
10. 滨州博兴乔庄水煎包
11. 青岛大包
12. 济南油旋
13. 临沂糁
14. 威海鱼锅片片
15. 青岛流亭猪蹄
16. 淄博博山豆腐箱
17. 东营黄河刀鱼
18. 潍坊朝天锅
19. 潍坊肉火烧
20. 泰安泰山"三美"
21. 日照渔家饼饼乐
22. 临沂沂蒙光棍鸡
23. 聊城沙镇呱嗒
24. 菏泽单县羊肉汤
25. 济南甜沫
26. 泰山煎饼
27. 德州签子馒头

二十 风情民俗话佳节——节日民俗

经典故事

相传古代有一个叫"年"的独角怪兽，常年住在海底，每隔一段时间，它就爬上岸，捕食人和牲畜。当年兽来时，人们就举家逃往深山。有一次，村外来了一个老乞丐，人们正忙着往山上跑，只有村东头一位老婆婆给了乞丐一些食物。老乞丐感激老婆婆的善心，就告诉老婆婆说他能够制服年兽。半夜时分，年兽闯进了村子，当它来到老婆婆家门口，发现门上贴着大红纸、屋内烛火通明，年兽顿时浑身一抖，突然又听到竹子燃烧时噼噼啪啪的炸响声，年兽吓得仓皇而逃。原来这都是老乞丐帮老婆婆布置的，因为年兽最怕红色、火光和炸响。从此，人们知道了驱赶年兽的办法，每当年兽要来时，人们就穿红衣、贴红纸、烧竹子，再也不怕年兽吃人了。后来就有了"过年"的习俗，并一直延续下来，只是烧竹子变成了放鞭炮、门上的红纸变成了春联。

"贴春联"是中国人过春节的重要习俗，当人们在家门口贴上春联，意味着春节正式拉开序幕。春节、元宵节、清明节、端午节、中秋节都是中国重要的传统节日，每个节日都有说不完的传说故事，都蕴含着各地道不尽的民俗风情。

1. 春节：辞旧迎新

农历正月初一是春节，又叫"阴历年"，俗称"过年"。一般认为春节起源于上古的祭神祭祖活动。春节虽定在农历正月初一，春节的活动却并不止于正月初一这一天。在民间，传统意义上的春节是指从腊月初八的腊祭或腊月二十三或二十四的祭灶，一直到正月十五，其中以除夕和正月初一为高潮。

春节不仅仅是一个节日，更是中国人文化与情感的重要载体。春节期间，人们通过腊月二十四打扫房屋、腊月二十七洗衣沐浴等活动表达"辞旧迎新"的愿望；通过腊月二十三祭灶神、腊月三十请家堂、正月初五迎财神、正月初六送穷神等活动表达祈福敬祖的情感；通过吃"年夜饭"、团坐"守岁"等活动表达合家欢聚的喜悦；通过燃爆竹、贴春联、贴福字、剪窗花、扭秧歌、踩高跷、舞龙舞狮等活动烘托祥和喜庆的气氛。可以说，春节是中华民族每年一度的一场集祈福、庆贺、娱乐为一体的庆祝盛典。

时至今日，除燃放爆竹等活动被逐渐淡化外，春节的大部分习俗，特别是春节所承载的家族团圆的文化传统都被一代代传承下来。春节，早已化为一种文

耍绣球　　　　放鞭炮

拜年　　　　年年有余

化基因，融在每个中国人的心里。每到春节将至，纵有艰辛、劳顿，都会有一种内在的力量催促着人们收拾行囊、踏上归途；纵有烦恼、抱怨，人们都会丢下平日里的不快，共赴一场团圆的盛宴。春节凝聚着亲情和乡情，寄托着慰藉和希望，是高速流动、飞速变化的时代里最深的乡愁。

2. 元宵节：赏灯猜谜

赏灯猜谜

元宵节又称"上元节"，是春节后的第一个重要节日，时间是农历正月十五。元宵节始于 2 000 多年前的汉朝。汉文帝时下令将正月十五定为元宵节。汉武帝时，"太一神"（即主宰宇宙一切之神）祭祀活动定在正月十五。司马迁编制"太初历"时，就已将元宵节确定为重大节日。

元宵节是一个浪漫的节日，一个华丽的节日，一个全民狂欢的节日。元宵节期间，夜禁开放，各式各样的花灯点燃人们节日的热情。男女老少在吃过寓意团圆美满的元宵后，成群结队出游赏灯。人们赏花灯、猜灯谜、放焰火，观看耍龙灯、耍狮子、踩高跷、划旱船、扭秧歌、打太平鼓等传统民俗表演。

3. 清明节：祭祖踏青

清明节又叫"踏青节""三月节"，是中国传统节日中唯一一个节气兼节日的重要节日，至今已有2 500多年历史。清明是我国的二十四节气之一，没有固定的日期，在每年公历4月4日至6日之间。由于二十四节气比较客观地反映了一年四季气温、降雨、物候等方面的变化，所以古代劳动人民用它安排农事活动。过去有"清明前后，点瓜种豆"和"植树造林，莫过清明"等农谚。寒食节，在传统上，是在距冬至的一百零五天，也就是在清明节的前一天或两天，是民间扫墓的日子。由于寒食和清明日期相连，久而久之，人们便将"寒食"与"清明"合二为一，成为一个节日，寒食也成了清明的别称。

清明节是个富有特色的节日，既有祭扫祭奠的庄重感恩，又有踏青游玩的轻松愉悦。在清明节，人们去先人墓前缅怀亲人的恩情，向已逝的亲人、祖先送上思念与敬意；在清明节，人们参加出游踏青，感受清新秀美的自然风光；在清明节，人们组织蹴鞠、插柳、荡秋千、放风筝等丰富多彩的活动，强身健体、愉悦身心。

4．端午节：粽叶飘香

端午节为每年的农历五月初五，也称端五、端阳。"端"在古汉语中有开头、初始的意思，称"端五"也就如称"初五"。端午节是中华民族非常古老的节日之一，至今已有两千多年的历史。

关于端午节的由来说法甚多，有关于伍子胥的、曹娥的、黄巢的，而最为大家所认同的说法是关于屈原的。屈原是战国时楚国人，他才华卓越，忠君爱国，是杰出的政治家和诗人，但受到楚国权贵的排挤。楚国郢都被秦军攻破后，屈原投汨罗江自尽。传说屈原自尽后，楚国百姓非常悲伤，纷纷前往江边凭吊屈原，于是有了赛龙舟、吃粽子、缠五彩绳等风俗。数千年来，人们崇敬屈原的家国情怀和高贵品质，因此纪念屈原之说，影响最广最深，占据主流地位。唐代诗人文秀曾著诗《端午》："节分端午自谁言，万古传闻为屈原。堪笑楚江空渺渺，不能洗得直臣冤。"纪念屈原是端午节最重要的习俗，也是端午节的精神象征。

由于我国地域广阔，民族众多，端午节有众多相异的节名，而且各地也有着不尽相同的习俗。在山东地区，端午节习俗主要有：女儿回娘家，挂钟馗像，迎鬼船，躲午，贴午叶符，悬挂菖蒲、艾草，游百病，佩香囊，备牲醴，赛龙舟，比武，击球，荡秋千，给小孩涂雄黄，饮用雄黄酒、菖蒲酒，吃咸蛋、粽子和时令鲜果等。其中的赛龙舟活动已突破时间、地域界限，成为国际性的体育赛事。

端午食粽是端午节的标志性活动，粽叶的材料和粽子的食材则因地制宜。南方用竹叶包粽子，北方则习惯用苇叶包粽子；北方以甜味粽为主，南方地区则喜食鲜肉粽、火腿粽。山东人过端午一直有包粽子、吃鸡蛋、插艾叶、给小孩子系五彩绳的习俗，亲友互赠粽子和鸡蛋也是端午节不可缺少的礼俗活动。

5．中秋节：赏月团圆

中秋节又叫"团圆节""八月节""仲秋节"等，在农历八月十五，是我国仅次于春节的第二大传统节日。据史籍记载，"中秋"一词最早出现在《周礼》一书中。到唐朝初年，中秋节成为固定的节日；宋朝中秋节开始盛行；至明清时，中秋节已与元旦齐名，成为我国的主要节日之一。

团圆是中秋节的主题。圆圆的月饼，是象征吉祥团圆的食品，也是人们相互表达节日祝福的纽带。八月十五的夜晚，高悬夜空的月亮看起来比其他月份的满月更圆、更明亮。在皎洁的月光下，人们举行家宴，在共同祭拜和欣赏空中圆月、共同分享香甜味美的月饼等风俗中，享受家人团聚的欢乐，表达圆满和谐的愿望。

经典赏读

<h2 style="text-align:center">甲午元旦</h2>

清·孔尚任

> 萧疏白发不盈颠，守岁围炉竟废眠。
>
> 剪烛催乾消夜酒，倾囊分遍买春钱。
>
> 听烧爆竹童心在，看换桃符老兴偏。
>
> 鼓角梅花添一部，五更欢笑拜新年。

〔注释〕 ① 甲午：清康熙五十三年（1714年）。② 颠：头顶。③ 剪烛：蜡烛点的时间长了之后，烛心会变长分岔，不剪的话无法看清东西。古代有专门的剪子用于剪烛。④ 偏：不尽。⑤ 鼓角：泛指乐器。⑥ 梅花：指《梅花落》，乐曲名。⑦ 一部：一曲。

〔赏析〕 孔尚任写《甲午元旦》时已66岁，在家乡曲阜闲居。这首诗描写了曲阜除夕夜的热闹情景，我们从中可以感受清时人们过年的喜庆氛围，了解当时山东过年的习俗。全诗层次分明，前四句写除夕，围炉守岁，饮酒消夜，借分赠买春钱暗示旧年已去，新岁已来。后四句转入写元旦（春节）的活动：点爆竹，换桃符，听鼓乐，拜新年。字里行间，反映出孔尚任脱离官场后心情的恬静和愉悦。

知识链接

1. 二十四节气歌

> 春雨惊春清谷天，夏满芒夏暑相连。
>
> 秋处露秋寒霜降，冬雪雪冬小大寒。
>
> 上半年逢六廿一，下半年逢八廿三。
>
> 每月两节不变更，最多相差一两天。

2. 半杯茶，满杯酒

客来敬茶，是我国人民待客的传统礼节。在以茶敬客时，客人的偏好、上茶的规矩、续水的时机都应注意。比如为客人敬茶时，通常不宜斟得过满，更不宜动辄使其溢出来，以免热茶烫到客人。得体的做法是斟到杯深的三分之二处，也就是七分满，不然就有厌客或逐客之嫌，也就是平常所说的"茶满欺客"。而在宴席上则要"酒满敬人"，满溢的酒代表着主人对客人的尊重和热情。山东人爱饮茶、爱饮酒，也非常重视茶文化和酒文化。

学以致用

1. 学做一道特色鲁菜，回家做给父母吃，让孝的观念代代相传。并将做菜过程拍成视频，在班内交流、分享。

2. 中国的节日与饮食文化紧密相连，每一个节日都有自己独特的饮食习俗。请结合临近节日在班级内选择适合节日的活动，如包水饺、滚汤圆、绘彩蛋、包粽子、烤月饼等，在活动中感受团结友善，和谐感恩、爱国爱家等中国传统文化理念，并在班级内交流自己的活动体会。

第七单元 科技之光熠熠生辉

　　在广袤的齐鲁大地上，不仅诞生了许许多多叱咤风云的政治家、军事家，才华横溢的思想家、文学家，同时还涌现出一批永垂青史的科学家、能工巧匠。"科圣"墨子、"工圣"鲁班、"农圣"贾思勰、"算圣"刘洪、"医祖"扁鹊……如一颗颗耀眼的明星，照耀着齐鲁大地。小孔成像实验、鲁班尺、《齐民要术》、珠算、四诊法等，种种科技成就，至今仍然具有重大影响。历史上齐鲁大地的科学家们取得了走在世界前列的科技成就，影响深远。

　　几千年来，勤劳、智慧、勇敢的齐鲁儿女在这片历史悠久的大地上，创造了光辉灿烂的科技文化，为中华民族的发展做出了重大贡献。山东的科学技术在春秋战国时期即取得了辉煌成就，汉代取得了长足发展，元明两朝达到了鼎盛。

二十一　要斫蟾宫第一枝——科技

经典故事

　　大约公元前440年，楚国请鲁班制造攻城器械准备攻宋。墨子听到消息后日夜兼程赶去劝阻。到楚国后，墨子先找到鲁班，试图说服他停止制造攻宋武器，鲁班引荐墨子见楚王。墨子以邻人丢彩车而窃破车、丢锦绣而窃破衣的故事加以劝说，楚王理屈辞穷，却借鲁班已造好攻城器械为由，拒绝放弃攻宋的决定。墨子指出鲁班制造的攻城器械也不是取胜法宝，并提议二人当面演习一下攻与守的战阵。楚王答应后，墨子就用腰带模拟城墙，以木片表示各种器械，同鲁班演习各种攻守战阵。鲁班组织了九次进攻，结果九次被墨子击退。鲁班攻城器械用尽，墨子守城器械却仍有剩余。墨子以此彻底打消了楚王攻宋的念头。

1. 山东的科技成就

　　早在上古时代，山东先民就已经掌握了许多复杂的生产工艺。公元前26世纪，山东沿海居民就发明了从海水中取盐的方法，为人们的健康生活做出了重大贡献；景芝自古称酒乡，以盛产高粱大曲酒闻名于世，是中国高粱烧酒的发源地之一；兰陵生产的兰陵美酒，历史悠久，源远流长，在两汉时期成为贡品。在科技发展进程中，山东各地先后涌现出墨子、鲁班、甘德、左伯、燕肃等一大批知名科学家。

　　甘德是我国著名的天文学家，中国天文学的先驱之一，甘氏占星流派的创始人。著有《天文星占》8卷、《甘氏四七法》1卷。后人将他的著作与另一位天文学家石申写的天文学著作各取一部分，合成一部作品，取名《甘石星经》，这是世界上现存最早的天文学著作。

　　在恒星研究方面，甘德根据自己的观察，对全天的恒星依次给出星官名称和星数，同时指出该星官与其他星官的相对位置。《赣象新书》中记载："甘德中官星五十九座，共二百一星，平道至谒者；外官三十九座，共二百九星，天门至青上；紫薇恒星二十座，共一百一星。共计一百一十八座，五百一十一星。"根据观察结果，甘德制出了世界上最古老的恒星表。甘德所做的恒星研究工作在恒星研究史上具有划时代的意义。在行星研究方面，甘德采用定量研究的方法，发现了金星和火星的逆行现象，并建立了"行星会合周期"的概念。甘德对木星的观察最为精细，并形成著作《岁星经》。史载，甘德观测到了木星最亮的卫星——木卫二，时间上比伽利略早了近两千年。

左伯，东汉书法家，字子邑，东莱（今山东莱州）人。左伯在精研书法的实践中，感到蔡侯纸（蔡伦造的纸）质量还可以进一步提高，就与当时的学者毛弘等人一起研究西汉以来的造纸技艺，总结蔡伦造纸的经验，改进造纸工艺，造出了"左伯纸"。"左伯纸"以树皮、麻头、碎布等为原料，做工精细，虽比蔡伦纸晚几十年，但纤维更加均匀细腻，而且更为光亮整洁，使用价值更高，深受当时文人欢迎。"左伯纸"与"张芝笔""韦诞墨"并称为文房"三大名品"。

左伯像

燕肃，宋代著名科学家，山东古益都（今山东青州）人。他运用差速齿轮的原理制造出早已失传的"指南车"和"记里鼓车"，后来又造出"莲花漏"，这些成果在当时都达到很高的水平。其中用来计时的莲花漏制作简单，计时准确，史称"秒忽无差"，在当时"世服其精"，比唐代浮箭刻漏有很大改进。宋仁宗于景祐三年（1036年）正式诏令使用这种计时器，使其很快在全国各地得到推广。

燕肃像

2. 墨子与小孔成像

墨子，本名墨翟，春秋战国时期著名的政治家、思想家、哲学家、科学家、机械制造家，墨家学派的创始人。墨子一生的事迹、思想和科技成就，集中体现在《墨子》一书中。墨子与弟子们以刻苦耐劳、注重实践、勇敢智慧著称，他不但是一位手艺高明的匠师，还深入科学领域中进行了诸多实践探索。墨子在他的学说中倡导唯物主义的自然观，重劳动、重智慧、重创造，在科学技术方面取得了一系列重要成果，他因此被尊为"科圣"。他和他的弟子做了世界上第一个小孔成倒像的实验。《墨子》中这样纪录小孔成

像："景到，在午有端；与景长，说在端。""说景：光之人，煦若射，下者之人也高；高者之人也下。足蔽下光，故成景于上；首蔽上光，故成景于下。在远近有端与于光，故景库内也。"细致描绘了小孔成像的情形。

这里的"到"，古文通"倒"字，即"倒立"的意思。"午"是两束光线正中交叉的意思。"端"在古汉语中有"终极"的意思。"在午有端"指光线的交叉点，即针孔。物体的投影之所以会出现倒像，是因为光线为直线传播，穿过针孔处，不同方向射来的光束互相交叉而形成倒影。"与"指针孔的位置与投影大小的关系而言。"光之人，煦若射"是一句很形象的比喻。"煦"即照射，照射在人身上的光线，就像射箭一样。"下者之人也高；高者之人也下"是说照射在人上部的光线，则成像于下部；而照射在人下部的光线，则成像于上部。于是，直立的人通过针孔成像，投影便成为倒立的。"库"指暗盒内部而言。"远近有端，与于光"，指出物体反射的光与影像的大小同针孔距离的关系。物距越大，像越小；物距越小，像越大。

3. 鲁班与他的发明创造

鲁班是春秋时期著名的建筑工匠，被尊为"工圣"。他善于观察，并且喜欢对事物进行各种研究，他的大部分发明是受到大自然启发而得到灵

感，又经过了反复实践而创造出来的。鲁班发明出许多实用工具，直到今天人们还在使用，如锯子、钻、刨子、铲子、曲尺及划线用的墨斗等，至今仍是非常适用的木工工具。这些工具大大提高了工作效率，也提升了木工技艺水平。在几千年的历史长河中，"鲁班"这样一个响亮的名字实际上不再只是指一个

人，而已成为古代劳动人民智慧、创造的象征符号。2 400多年来，人们把古代劳动人民的许多集体创造和发明也都集中到他的身上，因此，有关鲁班发明创造的故事，实际上就是中国古代劳动人民发明创造的故事，是中国古代技艺传承的鲜活载体。

传说鲁班有一次进深山砍伐木材，一不小心，手被身边一棵野草的叶子划破了，渗出血来。他不顾手指流血，摘下叶片轻轻触摸，发现叶子两边长着锋利的齿。他试着用这些密密的小齿在手背上轻轻一划，居然又割开了一道口子——他的手原来就是被这些小齿划破的。鲁班又看到有一只蝗虫趴在野草的叶片上，一会儿功夫，叶片就被啃噬光了。他细细观察蝗虫，发现蝗虫的两个大板牙上也排列着许多小齿，所以它能很快地磨碎叶片。鲁班从这两个发现上受到了启发，他想：要是能够制作出这样齿状的工具，不就能很快地锯断树木了吗？于是，他参照草叶片和蝗虫牙齿的结构特点，经过反复试验，终于发明了锋利的锯子，并得到了广泛的应用，大大提高了木工的工作效率和技艺。

鲁班以他艰苦劳动、努力钻研、勇于创新的精神，在建筑、土木、器械等方面都有很多发明创造，对我国古代科学技术的发展做出了杰出的贡献。

经典赏读

治骨角者，既切之而复磋之；治玉石者，既琢之而复磨之。治之已精，而益求其精也。

——朱熹《论语集注》

〔注释〕 ① 治骨角：指将动物的骨头或角制作成器物。② 益：更加。

〔赏析〕 从上面的经典中我们不难看出，精益求精的工匠精神古已有之。而鲁班之所以受到后世的敬仰和尊重，一方面是由于他丰富的发明创造给当时人们的生产生活带来了极大便利；另一方面则是由于他身上所体现出了精益求精的工匠精神。正是有了这种精神，鲁班才可以不受当时动荡的社会环境的影响，脚踏实地，沉下心去钻研，去发明，去创造，才能有如此伟大的成就。

在当下社会，我们不管从事什么行业，都要有工匠精神，在工作中保持一丝不苟的工作态度，让工匠精神在各个角落开花结果。

知识链接

1. 中国建筑业的"奥斯卡"：中国建设工程鲁班奖

"鲁班奖"全称"中国建设工程鲁班奖（国家优质工程）"，其前身是"建筑工程鲁班奖"。该奖项设立于1987年，是我国建筑行业工程质量的最高荣誉。

2. 百姓的怀念：鲁班纪念馆

鲁班纪念馆位于山东滕州龙泉广场，占地15.2亩，规划建设面积1万平方米，是全国建筑体量最大、功能最全的鲁班纪念馆。

该馆采用仿古与现代相结合的建筑风格，以鲁班发明的卯榫（sǔn）结构为主，混凝土框架为辅，建设面积达8 600平方米。设有祭拜大厅、木器厅、航天厅、石器馆、今日班门、鲁班庙会等展区。

二十二　望闻问切承千古——中医

经典故事

扁鹊来到虢（guó）国，听说太子暴亡不足半日，还没有装殓。于是他赶到宫门，称自己能够让太子复活。中庶子不信，扁鹊说："可试着诊视太子，应该能够听到他耳鸣、看见他鼻子肿了，并且大腿处还有温热之感。"中庶子闻言赶快入宫禀报，虢君大惊，亲自出来迎接扁鹊。扁鹊说："太子所得之病，就是所谓'尸厥'。人接受天地之间阴阳二气，阳主上主表，阴主下主里，阴阳和合，身体健康；现在太子阴阳二气失调，内外不通，上下不通，因此气脉纷乱，面色全无，失去知觉，形静如死，其实未死。"扁鹊命弟子协助用针砭进行急救，刺太子三阳五会诸穴。不久太子果然醒了过来，后经一段时间的调理就痊愈了。这件事传出后，人们都说扁鹊有"起死回生"的绝技。

1. 山东的中医成就

中医传统医药学，在山东始于新石器时代。早在距今7 000多年的北辛文化时期，山东人已开始用骨针治病；秦代，山东名药"阿胶"问世。千百年来，山东先后涌现出了扁鹊、公乘阳庆、淳于意、王叔和等医学名家。

公乘阳庆，西汉初年医学家，临淄（今山东淄博）人，他精医书、善诊脉，著有《黄帝扁鹊脉书》，开创了中国医学脉案之先河。

淳于意（约前205—？），西汉初年医学家，临淄（今山东淄博）人，因担任过齐国太仓令，故被尊称为"仓公"。他是我国医学史上病案的创始人，《史记》记载了他的二十五例医案，称为"诊籍"，是中国现存最早的病史记录。

王叔和，魏晋之际医学家，高平（今属山东）人，著有《脉经》。《脉经》是现存最早的脉学专著。

徐之才，北齐医学家，字士茂，撰有《药对》及《小儿方》，尤其对本草药物及方剂方面研究较深。他总结和发挥了"七方十剂"的理论和经验，对后世产生巨大影响。

徐骞，北魏时人，善于运用切脉法诊断病情，深得病形，兼知色候。

唐朝时，曹州离狐（今山东东明）人李勣、清平（今山东临清）人吕才、曲阜人孔志约等，参编第一部官修药典《新修本草》，这也是世界上最早的药典，比欧洲第一部药典早800余年。

钱乙，北宋医学家，郓城（今山东东平）人，在儿科医学方面贡献卓著，是中医儿科奠基人之一，也是古代著名的药理学家，著有《婴孺论》《小儿药证真诀》等书，创制方剂114种，其中六味地黄丸、异功散等沿用至今。

翟良，明代医学家，益都（今山东青州）人，著有《脉诀汇编》《经络汇编》《脉络汇编说统》《痘疹类编释意》《医学启蒙》《治病提纲》等。

清代昌邑人黄元御、诸城人臧应詹均精于《伤寒论》研究，有"南臧北黄"之称。

至晚清，山东省内有著名医家70余人，编写著作多达50余种。

2. 扁鹊与望闻问切

扁鹊本名秦越人，是春秋战国时期名医。由于他的医术高超，当时人们借用传说中上古黄帝时的神医"扁鹊"的名号来称呼他。

扁鹊精于内、外、

> **文化名片**
>
> 本名：秦越人（前407—前310）
> 别称：扁鹊
> 主要成就：奠定传统中医诊断法的基础
> 代表作品：《扁鹊内经》（已佚）

妇、儿、五官等科，应用砭刺、针灸、按摩、汤液、热熨等方法治疗疾病，被尊为"医祖"。扁鹊在诊视疾病中，已经应用了中医全面的诊断技术，即后来中

医总结的"四诊法"：望诊、闻诊、问诊和切诊，当时扁鹊称它们为望色、听声、写影和切脉。"望"，主要是看病人的神色、舌苔等；"闻"，主要是听病人的语言、咳嗽等声音；"问"，主要是询问病人的病情；"切"，主要是按摸病人的脉象和触摸肌肤等。扁鹊总结出的"四诊法"，奠定了我国传统医学诊断法的基础，是我国传统医学体系中最基本最重要的方法，已成为中医学的标志符号。

扁鹊除了具有高超的医疗技术外，还具备仁爱至诚、普济众生的医者情怀。他始终坚持"六不治"的医疗原则，即信巫不信医、骄恣不论于理、轻身重财、衣食不能适、形羸不能服、阴阳并藏气不定，体现了扁鹊严谨的态度与高尚的医德。

经典赏读

扁鹊过齐，齐桓侯客之。入朝见，曰："君有疾在腠理，不治将深。"桓侯曰："寡人无疾。"扁鹊出，桓侯谓左右曰："医之好利也，欲以不疾者为功。"后五日，扁鹊复见，曰："君有疾在血脉，不治恐深。"桓侯曰："寡人无疾。"扁鹊出，桓侯不悦。后五日，扁鹊复见，曰："君有疾在肠胃间，不治将深。"桓侯不应。扁鹊出，桓侯不悦。后五日，扁鹊复见，望见桓侯而退走。桓侯使人问其故。扁鹊曰："疾之居腠理也，汤熨之所及也；在血脉，针石之所及也；其在肠胃，酒醪之所及也；其在骨髓，虽司命无奈之何！今在骨髓，臣是以无请也。"后五日，桓侯体痛，使人召扁鹊，扁鹊已逃去。桓侯遂死。

——《史记·扁鹊仓公列传》

〔注释〕 ① 腠（còu）理：指皮肤的纹理与皮下肌肉之间的空隙。② 汤熨：中医疗法，用热水熨帖患处以散寒止痛。③ 酒醪（láo）：指药酒。④ 司命：掌管性命的神。

〔赏析〕 齐桓侯讳疾忌医，最终错过了治病良机，病入骨髓而死。治病如此，做人又何尝不是呢？回避或忽视小的缺点和问题，最终会严重影响个人的品德修养和健康成长。党的十八大报告指出，"把立德树人作为教育的根本任务"。就个人来说，及时发现并克服自身存在的问题，努力成长为德智体美全面发展的人，这是对"立德树人"教育方针的积极响应。

知识链接

中药店门前挂葫芦的由来

据传汉代某年夏日，河南闹瘟疫。一老者来到此地，开了一间小药店，门前挂上盛了药丸的葫芦，专治瘟疫。凡有求医者，老者就从葫芦中掏出一粒药丸，让其温水冲服。吃了药后，病人一个个好了起来。此事一传十、十传百，许多地方都知道了这个药葫芦的神奇。

后来一些行医者就以药葫芦作为中药店铺的标志。现在，不少中成药的商标上，也有药葫芦的图案。

二十三　食为政首教资生——农业

经典故事

据说，贾思勰曾养了200多头羊，因为饲料不足饿死大半。事后他想，下次我事先种上20亩大豆，把准备的饲料都备足了。这样，他又养了一群羊。可是过了一段时间，羊又死了许多。为什么羊少饲料多，羊也会死亡呢？贾思勰去一位老羊倌那里请求帮助。老羊倌仔细询问了贾思勰养羊的情况后，找到了羊死亡的原因。原来是因为贾思勰随便把饲料扔在羊圈里，羊在上面踩来踩去，把饲料弄得脏污不堪，羊不肯吃这种饲料，所以又有不少饿死了。贾思勰随后在老羊倌家里又住了几天，认真观察了老羊倌的羊圈，学习了老羊倌那一套丰富的养羊经验。回去后，他就按照这些养羊的方法去做，效果果然不错。

农业不只是简单的体力劳作，同样需要科学的生产知识与经验技巧。中国是农业大国，中国农民在日复一日的生产劳作中积累了丰富的生产经验和技术，成为中华文明不可或缺的一部分。

1. 山东的农业成就

山东是中国古代农业重要发源地之一，早期就有发达的农业。黍和粟是山东古代最早种植的粮食作物。距今7300～6100年的北辛文化，孕育了东方最早的农耕文明。

至夏商周奴隶社会时期，山东的农业已经较为发达；至周代，齐鲁两国已是"千亩桑麻"，表明这时蚕丝生产已初具规模。发展到秦汉时期，山东农业在先秦农业知识积累和技术应用基础上，又进入了一个新阶段，牛耕技术在山东地区基本普及，发展了耕耰结合的耕作体系和抗旱保墒（shāng）配套技术，创造了先进的育种选种技术。

西汉时期著名的农业科学家氾胜之，氾水（今山东曹县）人，撰写了我国第一部农书《氾胜之书》，系统总结了黄河流域特别是关中一带的农业生产经验。元代农学家、农业机械学家王祯，东平（今山东东平）人。他所著的《王祯农书》是我国第一部全面论述农业的科技著作，全面记述了257种农业生产工具，展示了我国古代农业生产器具方面的卓越成就。

明代农学家王象晋，桓台新城（今属山东）人。其所著《二如亭群芳谱》记载植物400余种，对每一种植物都详细叙说形态特征，是中国17世纪初期论述多种作物生产的巨著。

2. 贾思勰与《齐民要术》

贾思勰是我国北魏时期杰出的农学家。他任过高阳（今山东临淄北部）太守，曾到今山西、河南、河北等地考察过农业，对农业生产有较深的了解。每到一处，贾思勰

文化名片

姓名：贾思勰
籍贯：益都（今山东寿光）
称号：农圣
代表作：《齐民要术》

都虚心地向当地有经验的老农请教，学习他们多年积累下来的宝贵生产经验，并记录下来。贾思勰在探索、实践中，逐步掌握了许多丰富的生产经验。经过多年积累和研究，他终于编纂成中国古代著名的农业科学巨著《齐民要术》。他因对农业的重要贡献而被世人尊称为"农圣"。

《齐民要术》全书10卷，92篇，11万余字。当时战乱频仍，民生凋蔽，贾思勰从传统的农本思想出发，著书立说，介绍农业知识，以期富国安民。书中总结了中国当时北方农业生产技术的成就，介绍了选种、浸种、施肥、轮作等精耕细作的方法，记录了一些谷物、蔬菜、果树和林木栽培的经验，记述了家畜、家禽、鱼、蚕等饲养技术。《齐民要术》从农副产品的加工、酿造到畜禽疫病的防

治均有详细论述，此外还以很大的篇幅引载了有实用价值的热带、亚热带植物。

《齐民要术》作为一部科学技术名著，被人们奉作古农书的经典之作。农史学家称颂《齐民要术》对旱地农耕作业的精湛技艺进行高度理论概括，使中国农学第一次形成精耕细作的完整体系；经济史学家将《齐民要术》看作是封建地主经济的经营指南，提出应该称它为全世界最早、最完整的家庭经济学著作；从事农产品加工、酿造、烹调、果蔬贮藏的技术工作者则在书中找到了古老的配方与技法，因而食品史学家对《齐民要术》也颇为珍视。

经典赏读

顺天时，量地利，则用力少而成功多；任情返道，劳而无获。

——《齐民要术·种谷》

〔注释〕 ① 天时：适宜的自然气候条件。② 地利：有利的土地条件。③ 任情返道：恣意违反自然。

〔赏析〕 这段文字讲谷物种植，可贵的是其中顺应自然规律、注重土地可持续利用的观点，体现了"天人和谐"的思想。"天人和谐"是中国传统文化的核心理念之一，对于当下我们倡导的生态文明建设具有重要的启发意义。

知识链接

山东特产——"胶白"

胶州大白菜

胶州大白菜，俗称"胶白"，因产于山东胶州而得名，是山东著名特产之一。胶州大白菜以汁白、味鲜甜、纤维少、营养丰富、产量高、耐储存等特点而驰名中外。

胶州大白菜栽培历史悠久，远在唐代即有种植，在宋元时期已大量销往江、浙等地，享有很高的声誉。宋代诗人范成大在《田园杂兴》中曾道："拔雪挑来塌地菘，味如蜜藕更肥浓。"

二十四　数里乾坤日月长——数学

经典故事

　　刘徽为了圆周率的计算一直潜心钻研。一次，刘徽看到石匠在加工石头，觉得很有趣，就仔细观察了起来。"哇！原本一块方石，经石匠师傅凿去四角，就变成了八角形的石头。再去八个角，又变成了十六边形。"一斧一斧地凿下去，一块方形石料就被加工成了一根光滑的圆柱。在一般人看来非常普通的事情，却触发了刘徽智慧的火花。他想："石匠加工石料的方法，可不可以用在圆周率的研究上呢？"刘徽受此启发，发明了"割圆术"，经过耐心细致的计算，终于得到了更为精确的圆周率近似值。

1. 山东的数学成就

　　数学是中国古代科学中的一门重要学科，距今已有五千余年历史。古代山东地区先后涌现出了刘洪、徐岳、刘徽、张邱建等杰出的数学家，在数学领域取得了辉煌成就。

　　刘洪是汉代杰出的数学家，中华珠算的发明者。刘洪在担任上计掾和郎中期间，每天都要进行庞杂的数字运算，因而

刘洪像

对算具进行了改革，他根据民间的摆石子五进位算法，创造了十进位珠算，大大节省了运算时间，并提高了准确性，他也因此被尊称为"算圣"。珠算的发明，是自上古结绳记事以来数术史上的一次飞跃、一次革命。2013年，珠算正式被联合国教科文组织列入人类非物质文化遗产代表作名录。同时，刘洪还在他的《乾象历》中创造了"正负数歌诀"："强正，弱负，强弱相并，同名相从，异名相

消；其相减也，同名相消，异名相从，无对互之"。

刘洪的学生徐岳，山东掖县（今山东莱州）人，东汉末年数学家。相传徐岳著有《数术记遗》，其中记载了我国古代的各种记数法、大数进位及计算器械，特别是筹算和珠算。

张邱建，北魏时清河（今山东临清一带）人。他思维敏捷，计算能力超群，从小就表现出了杰出的数学才能，著有《张邱建算经》3卷。书中记载的最大公约数和最小公倍数的计算与应用、等差数列各元素互求的解法、盈不足方程问题，以及"百鸡问题"等都是当时主要的数学成就。其中"百鸡问题"是世界著名的不定方程问题，对后世产生了重要影响。《张邱建算经》被唐代国子监算学馆列为必读的十部算书之一，也是后世所称"算经十书"之一。

2. 刘徽与《九章算术注》

刘徽，魏晋时期伟大的数学家，中国古典数学理论的奠基人之一。刘徽思想敏捷，方法灵活，既提倡推理又主张直观。他是中国最早明确主张用逻辑推理的方式来论证数学

文化名片

姓名：刘徽（约225—约295）

主要成就：理清中国古代数学体系

代表作品：《九章算术注》

命题的人。刘徽在数学研究中不迷信权威，而是有自己的主见。他曾一针见血地指出张衡关于球体积计算的不正确观点。因有这种可贵的批判精神，刘徽在研究《九章算术》时发现许多问题，并进行了深入研究，写出名垂千古的《九章算术注》，弥补了原书的不足，使我国古代数学体系走向成熟，为中华民族留下了宝贵的财富。

著名数学家吴文俊先生说："从对数学贡献的角度来衡量，刘徽应该与欧几里得、阿基米德等相提并论。"

经典赏读

巍巍古寺在山林，不知寺内几多僧。

三百六十四只碗，看看用尽不差争。

三人共食一碗饭，四人共吃一碗羹。

请问先生明算者，算来寺内几多僧？

——清·徐子云

〔赏析〕 我国古代诗词是华夏文明的重要组成部分，是文学的瑰宝。古诗词所涉题材十分广泛，其中自然不乏数学类题材，甚至有时一首诗就是一道数学题，本诗即是一例。这首诗将有趣的数学题用诗的语言表达了出来，别有一番韵味。

知识链接

百鸡问题

"百鸡问题"是我国古代著名算题，最早见于《张邱建算经》卷下第三十八题："今有鸡翁一，直钱五；鸡母一，直钱三；鸡雏三，直钱一。凡百钱买鸡百只，问鸡翁、母、雏各几何？"

后世很多人研究此题，并各自得出解法，称为"百鸡术"。

学以致用

1. 查阅相关资料，进一步深入了解墨子和鲁班在我国科技方面的重要贡献，结合现实生活，谈谈我们在以后的工作和学习中应如何发扬工匠精神。

2. 请同学们查找相关中医资料或观看相关中医视频，每人找三个中医保健的小方法，在同学中交流、运用并验证，从而让我们的中医文化代代相传。

第八单元 文学园地争奇斗艳

　　齐鲁大地，文化璀璨；文学园地，争奇斗艳。在诗歌的百花园里，"齐风""鲁颂"展现了齐地阔达乐观、崇武尚力的独特风情和鲁国浓厚的礼乐传统。古代文论园地里，《文心雕龙》是中国文学理论批评史上第一部有严密体系的文学理论著作。在古典戏曲百花园里，孔尚任的《桃花扇》将家国情怀传唱数百年；古典小说园地里，被称为"六才子书"之一的《水浒传》，把一百单八将刻画得有血有肉，人物个性鲜明、栩栩如生；描绘仙妖鬼狐多彩世界的《聊斋志异》，故事玄幻迷离，情节离奇曲折，堪称中国文言短篇小说的巅峰之作。

　　在齐鲁大地深厚文化底蕴的熏陶下，土生土长的齐鲁人和寓居齐鲁的古代先贤，以引人注目的文学成就享誉中外，为中华民族留下了宝贵的精神财富。

二十五　诗风词韵吟华章 —— 诗词

经典故事

　　我国的采风活动历史悠久。周天子为了解各地民情，设立采诗之官。采诗之官手里摇着木铎，到各地去采风。木铎，就是装有木舌头的金属铃铛。《春秋公羊传注疏》记载："男年六十，女年五十无子者，官衣食之，使之民间求诗，乡移于邑，邑移于国，国以闻于天子。故王者不出牖户，尽知天下所苦，不下堂而知四方。"我国第一部诗歌总集《诗经》中的"国风"所记，绝大部分是从周初到春秋中期的民歌，它们都是从民间采集来的。

　　采风有利于民情上达，也有利于民风民俗的留存传承，《诗经·国风》中的诗歌反映了西周到春秋中期各国的民俗民情，开创了我国现实主义诗歌的先河。

1. "诗"中齐鲁 ——"齐风"与"鲁颂"

　　"齐风"是《诗经》中十五"国风"之一。"国风"指当时诸侯国所辖地区的乐曲，包括西周初年至春秋中叶大约15个诸侯国的民间歌曲，犹如我们现今所说的各地民间小调。"国风"共有160篇，其中"齐风"有11篇，是齐地的民歌，反映了齐国民众的现实生活和民情风俗。

　　"国风"反映民众真实的生活，描写风土人情和悲欢离合，表达他们对美好生活的信念。"齐风"中爱情诗占大多数，如《鸡鸣》《东方之日》《甫田》等，都是写男女爱情生活的诗。其次是讽谏诗，如《南山》《东方未明》反映了统治者生活的荒淫无度以及奴隶对繁重劳役的强烈不满。还有一部分是狩猎诗，如《还（xuán）》《卢令》等。在周代，狩猎不仅是统治者的一种娱乐，也是民众的一种普通劳动。狩猎诗既是民众生活的反映，更是一种尚武精神的体现。齐地多山，民众尚力好勇，喜欢狩猎，对好猎手颇为赞许。"齐风"中这些狩猎诗体现了鲜明的齐文化特色。《齐风·还》这首诗就描写了两位猎人在山间不期而遇，由素不相识到合作打猎，进而情不自禁地赞叹对方狩猎技巧高超，这首小诗在"国风"中堪称佳作。

齐国地域广阔，有山有海，这种自然环境形成齐人以大为美、"宽缓阔达"之风尚。姜太公曾以"因其俗，简其礼"的治国方略，推动东夷文化与周文化的结合，形成了兼容并包的齐文化特色。齐人渔猎劳动，崇武尚勇。春秋时，齐桓公为"五霸"之首；战国时，齐国为"七雄"之一。这些宏功伟业的取得，都与齐国执政者崇武尚勇、实施强兵之策有直接关系。崇武尚勇、刚健有为、自强不息的精神传承至今。

《诗经》中的"颂"是祭祀和颂圣的乐曲，包括"周颂"31篇、"鲁颂"4篇、"商颂"5篇，共40篇，主要是周天子和诸侯用于祭祀或其他重大典礼的乐歌，其内容多宣扬天命，赞颂祖先的功德。《鲁颂》共4篇，创作于春秋时期鲁国的国都，在今山东曲阜一带。内容分为两类，一类是歌颂鲁僖公的功业，有《閟（bì）宫》和《泮（pàn）水》两篇；一类体裁类似"国风"，如《駉（jiōng）》和《有駜（bì）》。《閟宫》中"泰山岩岩，鲁邦所詹"，赞颂鲁僖公"就像那巍峨的东岳泰山，鲁国百姓都非常敬仰"。《閟宫》是《诗经》中最长的一首诗。全诗共120句，首章和末章都统一在鲁僖公新修的閟宫上，前后呼应，结构完整。内容上，以鲁僖公修閟宫为素材，从祭祀和武事两方面反映了鲁国光复旧业的成就，歌颂鲁僖公的文治武功。"颂"诗这种铺陈叙事的表现手法和宏丽温雅的审美风格，对后世的赋体文学产生了很大影响。

2. 济南"二安"——李清照与辛弃疾

李清照（号易安居士）和辛弃疾（字幼安）同为山东济南人。清代王士禛称李易安与辛幼安为"济南二安"，《花草蒙拾》云："婉约以易安为宗，豪放为幼安称首，皆吾济南人，难乎为继矣。"

李清照词的思想内容，以南渡为界，分为前后二期：

前期主要展现少女、少妇的生活，表现出一种悠闲风雅的情调。如《如梦令·昨夜雨疏风骤》，以新颖的对话形式表达了诗人惜春爱花的情绪。另一首《如梦令·常记溪亭日暮》，写乘舟游览、沉醉迷途的情景。李清照前期的词虽然在内容上没有什么创新，但大胆真率地展示了少女、少妇的内心世界，表现了作者对自然的热爱和对爱情生活的向往与追求，真切而感人。

后期主要抒写作者对国事的忧思和生活流落的痛苦，具有重大的社会意义。在

《菩萨蛮·风柔日薄春犹早》和《武陵春·风住尘香花已尽》中，作者把国家的灾难和个人的不幸结合起来，表现出一种凄凉孤寂的心境；《渔家傲·天接云涛连晓雾》借梦境反映作者在忧患余生中报国无门的感慨。《永遇乐·落日熔金》在故国怀思之中寄寓身世飘零的感慨。最著名的是《声声慢·寻寻觅觅》，将个人身世之悲与国家危难之痛交织在一起，具有极强的艺术感染力。

李清照是一位具有多方面文学才能的作家，在诗、散文和词上都有所成就，以词的成就最高。她是两宋之间杰出的女词人，是婉约词派的代表人物。

辛弃疾词的思想内容分为以下几个方面：

一是歌颂抗金斗争，抒发作者收复中原的雄心壮志。如《破阵子·为陈同甫赋壮词以寄之》借梦境生动形象地描绘了抗金部队盛大的军容和英勇的战斗，表现了词人恢复中原的抱负和豪壮的情怀。二是抒发壮志难酬报国无路的愤慨。《水龙吟·登建康赏心亭》是这方面的代表作。三是批判南宋王朝的投降政策。他指责朝廷对国土沦陷无动于衷："剩水残山无态度"（《贺新郎·把酒长亭说》）。满腔怨怒流于笔端。四是描写农村闲居生活和农村景象。如《清平乐·独宿博山王氏庵》，写他独宿博山的感怀；《鹧鸪天·代人赋》描写充满生机的江南农村景象。这些词虽没反映出农民生活的艰辛，但写得清新脱俗，富有生活情趣。

辛弃疾是在抗金战斗中成长起来的著名词人。为收复中原，他曾驰骋疆场，饱满的爱国激情和丰富的战斗经历，使他的词磅礴豪放，为其他词人所不及。辛弃疾北人南归，志在报国，他不与投降派妥协的政治态度，使他屡遭排斥打击。壮志难酬，心怀满腔悲愤，使辛词在豪放之中带有苍凉沉郁的风格。其独特的词作风格被称为"稼轩体"。

3. 客居风骚——苏轼与郑板桥

齐鲁大地文化底蕴深厚，众多寓居齐鲁的文人墨客，在这里留下了大量诗篇，像李白、杜甫、王维等人，都在山东留下了诗意的足迹。其中，宦游任政的宋代文豪苏东坡和清代旷世奇才郑板桥，在齐鲁的密州和潍县留下了他们各具特色的政绩事功，至今为齐鲁人民所怀念。

苏轼（1037—1101），字子瞻，号东坡居士，北宋著名文学家、书法家、画家。其诗题材广阔、清新刚健，善用夸张比喻，独具风格，与黄庭坚并称"苏黄"；其词开豪放一派，与辛弃疾并称"苏辛"；其散文纵横恣肆，豪放自如，与欧阳修并称"欧苏"，为"唐宋八大家"之一。在文学史上，苏轼对词的革新与贡献无与伦比。他的词或清旷，或雄放；或凝重，或空灵，佳作极多，对后世影响极为深远。苏轼曾任密州（今诸城）知州两年，时间虽然短暂，但其文学创作生涯在这里达到了一个高峰，其中有脍炙人口的密州三曲：《江城子·十年生死两茫茫》《江城子·密州出猎》《水调歌头·明月几时有》。

郑板桥（1693—1765），原名郑燮，字克柔，号理庵，又号板桥，人称板桥先生，清代书画家、文学家。他知潍县七载，政绩显著，留下大量诗文、书画、碑刻和逸闻趣事。其《潍县竹枝词》描述潍县风土人情、民间疾苦，在潍县影响颇大，传诵不衰。

"三更灯火不曾收，玉脍金齑满市楼。云外清歌花外笛，潍州原是小苏州。"这是郑板桥《潍县竹枝词》四十首中的第一首，颂赞当年潍县工商业的繁荣堪比江南苏州。郑板桥在潍县期间勤政廉洁，潍县的繁荣也是其政绩的体现。

郑板桥离开潍县后，仍对那片土地念念不忘。他晚年写诗怀念潍县时光："相思不尽又相思，潍水春光处处迟。"潍县民众也怀念着爱民如子的知县郑板桥。现在潍坊十笏园广场修建的"郑板桥纪念馆"，展示了郑板桥一生诗书画的成就，也是潍坊民众对板桥先生最好的纪念。

经典赏读

声声慢
宋·李清照

寻寻觅觅，冷冷清清，凄凄惨惨戚戚。乍暖还寒时候，最难将息。三杯两盏淡酒，怎敌他、晚来风急！雁过也，正伤心，却是旧时相识。

满地黄花堆积，憔悴损，如今有谁堪摘！守着窗儿，独自怎生得黑！梧桐更兼细雨，到黄昏、点点滴滴。这次第，怎一个愁字了得！

〔注释〕 ①声声慢：词牌名。又名《胜胜慢》《凤求凰》。②寻寻觅觅：若有所失、四顾张望的样子。③戚戚：忧愁悲伤的样子。④乍暖还寒：忽暖忽寒。⑤将息：调养，休息。⑥憔悴损：指菊花枯萎凋零的样子。⑦次第：光景，情况。

〔赏析〕 《声声慢》是李清照南渡后的代表作。风格深沉凝重，哀婉忧戚，极富艺术感染力。在结构上打破了上下阕的局限，全词一气贯注，着意渲染愁情。首句连用十四个叠字，抒发悲苦愁恨之情。下文"点点滴滴"又前后照应，表现作者孤寂又激荡不安的心境。全词描绘秋景秋情，抒发国破家亡、天涯沦落的悲苦，具有强烈的家国情怀和时代色彩。

知识链接

1. "超然台"上说超然

超然台位于山东诸城，为北宋熙宁八年（1075年）苏轼任密州（治所在今山东诸城）知州时所建。当时诸城西北墙上有废台，苏轼"增茸之"，其弟苏辙依据《老子》"虽有荣观，燕处超然"的文意，命名为"超然"，即超脱尘世、乐天知命的意思，后来苏轼写了千古名篇《超然台记》和《望江南·超然台作》。超然台为古密州八大胜景之首，2009年完成重建。如今，"超然四望"胜景又从历史典籍上回到现实中来，成为诸城当地的又一文化旅游景观。

2. 豪放派和婉约派

豪放派和婉约派是宋代词坛上的两大流派。豪放派作品气势豪放、意境雄浑，充满豪情壮志，多给人一种积极向上的力量；代表词人有苏轼、辛弃疾。婉约派作品语言清丽、含蓄，表达的感情婉转缠绵，情调或轻松活泼，或深沉幽怨；题材较狭窄，多是写个人遭遇、男女恋情、山川景物等，代表词人有柳永、李清照等。

二十六 千载悠思万里通——文论

经典故事

刘勰幼年丧父，家境贫寒，笃志求学，终生未娶。他曾经做过一个奇怪的梦：梦见自己拿着一些礼器跟随孔子南行，就像孔子当年的弟子那样。他觉得这是圣人给他的暗示，就想通过努力学习提高修养来宣扬孔子的思想。后来，他寄居南京定林寺，跟随高僧研读佛教书籍及儒家经典，并开始写作一部具有浓郁儒学色彩的伟大著作。5年后，中国文学理论批评史上第一部有严密体系的，"体大而虑周"（章学诚《文史通义·诗话篇》）的文学理论专著问世。这部著作，就是著名的《文心雕龙》。

1．古代文论

古代文论是中国古代文化的组成部分，古汉语中"文化"一词的本义是"以文教化"。因而古代文论从思想观念到范畴术语，从思维方式到理论形态，无一不受到中国古代文化的影响。中国古代文、史、哲密不可分，其显著的特征，便是文学的哲学化，哲学和历史的文学化。因此，中国古代文论家，不仅用诗的精神和性情评鉴文学作品，而且用诗的思维方式和表达方式来记录品评结果，并最终形成具有诗性内在特质和外观形态的中国特色的文学批评理论。古代文论大体分为三种类型：一种是夹杂在各种经书、史书、子书中零散的文论观点，比如孔子"兴、观、群、怨"的阐述；一种是诗话、词话之类，比如北宋欧阳修的《六一诗话》、南宋严羽的《沧浪诗话》、清代袁枚的《随园诗话》等，这是一种非常灵活的文论写作方式；一种是比较系统的文学理论，这样的文论专著很少，最著名的是刘勰的《文心雕龙》。

2．刘勰与《文心雕龙》

刘勰是我国南北朝时期著名的文学理论家。祖籍在今山东莒县。他曾做过县令、步兵校尉等官职，但其名不以官显却以文彰，一部《文心雕龙》奠定了他在中国文学史和文学批评史上不可或缺的地位。

《文心雕龙》是一部结构严密、论述细致的文学理论专著。共10卷，50篇，37 000余字，分上、下部，各25篇，包括总论、文体论、创作论、批评论四个主要部分。

上部，从《原道》至《辨骚》5篇，论"文之枢纽"，阐述了刘勰对文学的基本观点，是全书的纲领和理论基础。从《明诗》到《书记》20篇，以"论文序笔"为中心，每篇分论一种或两三种文体，可称为文体论。

下部，从《神思》到《物色》20篇，以"剖情析采"为中心，重点研究有关创作过程中各个方面的问题，可称为创作论。《时序》《才略》《知音》《程器》等4篇，从不同角度对过去时代的文风、作家的成就，提出批评，并对批评方法进行专门探讨，可称为文学史论和批评鉴赏论。下部的这两个部分，是全书的精华所在。最后一篇《序志》说明作者的创作目的和全书的部署意图。

《文心雕龙》在古代文学批评著作中占有重要地位，是我国文学理论中的瑰宝。它对于我们现在从事文学创作、文艺批评等都有重要的参考价值，对于研究我国上古至南朝文学的发展脉络，更是不可或缺的资料和依据，值得我们重视和研究。

经典赏读

操千曲而后晓声，观千剑而后识器。　　　　——《文心雕龙·知音》

〔赏析〕　意思是：演奏很多支乐曲之后才能懂得音乐，观察过很多柄剑之后才知道如何识别剑器。读书能够破万卷，下笔才能如有神，鉴赏才会得其精要。给人们的启迪是：学习一种技艺，不是轻而易举的事；做任何事情，没有实践，没有充分的经验积累，就不会有很高的造诣。

登山则情满于山，观海则意溢于海。　　　　——《文心雕龙·神思》

〔赏析〕　意思是：一想到登山，作家的感情就倾注到高山之中；一想到观海，作家的情意就洋溢于大海之间。这两句常引来说明神思和想象在文学创作中的重要性。创作构思时的想象，可以不受时空的限制，可以不受客观事物实际形态的制约。这体现了刘勰对作家主观能动性的认识。

知识链接

古代著名文论作品

中国古代文学理论博大精深，源远流长，品类繁多，除了《文心雕龙》还有以下作品：

三国时期曹丕的《典论·论文》，在中国文学理论批评史上具有划时代的意义，它的产生是中国古代文论开始步入自觉期的一个标志。著名的"文气"说，是其突出的理论贡献。

晋代陆机的《文赋》，是中国文论史上第一篇系统的"创作论"，探讨了"意""物""文"三者之间的关系，并论述了艺术灵感的作用。

除此之外，还有《毛诗序》、唐代司空图《二十四诗品》、清代叶燮《原诗》等，值得细细研读。

二十七　梨园弦韵话悲欢——戏曲

经典故事

清代顺治年间，裕亲王多铎率军南下，剿灭明朝残余势力，在扬州遭到大明督师史可法的顽强抵抗。史可法深知清军势力强大，便召集诸将说："我发誓与扬州共存亡。如果城破，我不愿落入敌人之手，希望到时有人能成全我的大义！"副将史德威含泪答应了他。当扬州城被攻破时，史可法要拔刀自刎，被众将拦住。史可法大叫："德威藏在哪里？"史德威痛哭流涕不忍下手。清兵攻进城，史可法被俘。多铎知道史可法名望极高，就劝他道："先生如果归降，不但能保全性命，还会有享不尽的荣华富贵。"史可法严词拒绝，终被杀害。

史可法的故事不仅被载入史册为后人传颂，同时也被清代戏曲家孔尚任写进了传奇《桃花扇》，相对于习惯从传统说书讲史及民间故事中选取题材的中国戏剧而言，取材于时事无疑是个大胆的选择。孔尚任的选择丰富了戏曲的题材，为戏曲的发展注入了精神活力。

1．山东戏曲概说

中国戏曲的发展源远流长，戏曲的编著者一般是文人士大夫，或来自民间的有志之士，他们以特殊视角观察民间百态，用戏曲舞台艺术表现鲜活的现实民情，具有独特的艺术价值。而作为承载故事发展的戏曲人物形象，在经历了风雨岁月的洗礼后，在艺术文化领域愈加展现出独有的光辉。戏曲艺术影响了中华民族一代又一代人的价值观和人生观，是培养中华儿女家国情怀的重要文化载体。无论是改朝换代的兵荒马乱，还是颠沛流离的困苦艰难，戏曲始终没有断绝过其活跃在民间的顽强生命，成为华夏子孙赖以慰藉心灵的精神依托，这在世界艺术史上堪称奇迹。戏曲艺术适应了普通百姓对伦理教化、艺术欣赏的情感渴望和思想诉求。戏曲中的忠臣良将，勇御外寇，成为大众弘扬民族意识和家国情怀的楷模；戏曲中的忠正义士披肝沥胆、中正刚直，成为民众判断是非曲直的标准和道德行为的榜样；戏曲中历经磨难的悲欢离合、感天动地的忠贞爱情，在收获观众泪水与欢喜的同时，也让他们在面对生活的磨难时增添了乐观的情绪，为他们追求自由和幸福提供了动力。戏曲对于民族文化的延续和民族精神的弘扬发挥了无可比拟的重要作用。

山东戏曲历史悠久，名家辈出，名作流芳，除了前边提到的孔尚任的《桃花扇》，还有元代高文秀的《双献功》《渑池会》、康进之的《李逵负荆》，明代李开先的《宝剑记》，清代丁耀亢的《蚺蛇胆》等优秀戏曲作品。山东是我国较早有戏剧活动的地区之一，其戏剧艺术的孕育最早可以追溯到两千多年前的齐、鲁两国。在被中国戏剧界称颂的"南昆、北弋、东柳、西梆"四大声腔中，"东柳"就是山东的柳子腔。孔尚任创作的《桃花扇》就是山东戏曲作品中的杰出代表。

2．孔尚任与《桃花扇》

孔尚任（1648—1718），字聘之，号东塘，别号岸堂，自署云亭山人；祖籍今山东曲阜，孔子六十四代孙，曾隐居曲阜石门山中读书著述，精乐律，擅词曲。其剧作《桃花扇》和清代剧作家洪昇的剧作《长生殿》，是我国古典戏曲创作的两座高峰，并称"传奇剧本双璧"。因为洪昇是浙江钱塘人，孔尚任是山东曲阜人，两人被合称为"南洪北孔"。

清代康熙年间，孔尚任隐居在故乡山东曲阜。有一天，他登门拜访族兄孔方训和舅翁秦光仪，从他们那里听到了史可法抗清的事迹、南明弘光政权从建立到灭亡的经过，以及复社文人侯方域与秦淮名妓李香君悲欢离合的爱情故事……孔尚任听了这些以后，决定写一部传奇。

经过10余年的呕心沥血，直到孔尚任51岁时，三易其稿的《桃花扇》最终写成，接着就被昆曲艺人搬上了舞台。《桃花扇》名声大噪，受到明代遗老和普通百姓的追捧。

《桃花扇》共44出，完成于康熙三十八年（1699年）。剧本写复社才子侯方域与秦淮歌妓李香君邂逅，萌生爱意，侯方域题诗扇赠李香君作为爱情信物。魏忠贤的亲信阮大铖为拉拢侯方域，匿名托人赠送丰厚妆奁，被李香君坚决退回。国难当头之际，李香君不但不为丰厚的财物所动，还斥责情郎懦弱，鼓励侯方域从军报效国家。阮大铖怀恨在心，陷害侯方域，迫使侯方域投奔史可法，并强将李香君许配他人。李香君宁死不从，倒地撞头意欲自尽，血溅侯方域当年所赠的诗扇。侯方域的朋友杨龙友利用溅在扇上的血迹画出一束桃花，这一柄用李香君以死明志的鲜血点染成的诗扇，成就了孔尚任笔下的千古传奇《桃花扇》。作为一部古典名著，《桃花扇》所蕴含的深邃思想力度、丰富的历史内容、浓郁的家国情怀与生动的艺术表达，已成为中国戏剧史上的一座丰碑，尤其是李香君这一人物形象，至今仍闪耀着光辉。中国戏剧史上，"佳人"的形象不胜枚举。而当李香君一出现在戏曲舞台上，便以崭新的风貌和艺术魅力征服了剧坛，成为我国古典戏剧人物形象画廊中鲜活耀眼不可多得的艺术典型。

孔尚任是一位深受儒家思想影响的戏曲作家，他用一部传奇总结了明亡的教训，回答了众多明遗民"知三百年之基业，隳于何人，败于何事，消于何年，歇于何地"的疑问。他浓缩了晚明的许多历史事件，选择了文人墨客聚集的金陵，用"借离合之情，写兴亡之感，实事实人，有凭有据"的手法，完成了这部令人"哭一回、笑一回、怒一回、骂一回"的《桃花扇》。

三百多年来，《桃花扇》始终作为昆曲的保留剧目传承至今，并被改编为话剧、电影搬上舞台和银幕。抗日战争时期，欧阳予倩将《桃花扇》改为话剧，广泛上演，鼓舞了人民群众爱国抗日的斗志。新中国成立后，中央实验话剧院几度将《桃花扇》搬上舞台，在国内外演出；著名导演谢晋曾将《桃花扇》搬上银幕；上海电视台也曾将《桃花扇》改编成电视连续剧《李香君》。

经典赏读

续四十出·余韵（节选）

【哀江南·离亭宴带歇指煞】俺曾见金陵玉殿莺啼晓，秦淮水榭花开早，谁知道容易冰消！眼看他起朱楼，眼看他宴宾客，眼看他楼塌了！这青苔碧瓦堆，俺曾睡风流觉，将五十年兴亡看饱。那乌衣巷不姓王，莫愁湖鬼夜哭，凤凰台栖枭鸟。残山梦最真，旧境丢难掉，不信这舆图换稿。诌一套《哀江南》，放悲声唱到老。

〔注释〕 ① 乌衣巷：位于南京东南，东晋时王、谢两大士族在此居住。② 莫愁湖：位于南京秦淮河西，古称横塘。③ 枭鸟：比喻乱臣贼子。④ 舆图：疆域地图，代指明朝在全国的统治。

〔赏析〕 《余韵》是《桃花扇》全剧的最后一出，通过写苏昆生在南明灭亡后重游南京所见的凄凉景象，话兴亡之感，抒亡国之痛，表达了强烈的故国哀思。这里所选的【离亭宴带歇指煞】讲述了秦淮河畔由盛而衰的变迁，反思了当权者的豪奢腐朽，怀着沉痛的心情抒发了强烈的亡国之痛。面对江山易主、物是人非的悲惨现实，见证了"五十年兴亡"，却只能"放悲声唱到老"，亡国之痛令人动容。这首曲子体现了孔尚任卓越的才情，"眼看他起朱楼，眼看他宴宾客，眼看他楼塌了"成为反思国家兴亡的经典名句。

知识链接

传统戏曲的脸谱

"脸谱"是传统戏曲演员脸部的彩色化妆。这种脸部化妆主要用于净（花脸）和丑。它在形式、色彩和类型上有一定的程式，尤其色彩有很明确的象征意义。

红色脸：象征忠义、耿直、有血性。如"三国戏"里的关羽。

黑色脸：象征性格严肃，不苟言笑，代表刚毅，如"包公戏"里的包拯；也象征威武有力、粗鲁豪爽，如"三国戏"里的张飞、"水浒戏"里的李逵。

戏曲脸谱

白色脸：象征奸诈多疑。如"三国戏"里的曹操，《打严嵩》里的严嵩。

黄色脸：象征勇猛、暴躁。如"三国戏"里的典韦。

蓝色脸：象征性格刚直、桀骜不驯。如《连环套》里的窦尔墩。

紫色脸：象征肃穆、稳重，富有正义感。如《二进宫》中的徐延昭。

绿色脸：象征勇猛、莽撞、冲动。如《白水滩》里的徐世英。

金色脸：象征威武庄严，表现神仙一类角色。如《闹天宫》里的二郎神。

银色脸：象征威武庄严，表现鬼怪或神仙一类角色。如《攻潼关》中的木吒。

二十八　志怪传奇说经典——小说

经典故事

康熙年间，山东淄川（今淄博）人蒲松龄在满井庄路口摆了一个茶摊，招待过往行人。每当行人路过，蒲松龄就热情地邀对方喝茶休息，而且不收茶钱，只要喝茶人讲讲自己的所见所闻就好。于是来往行人都喜欢在这个茶摊歇脚聊天，说着各种奇闻异事。有一个白发苍苍的驼背老人，见多识广，一边喝着茶一边抽着烟，说了个"马骥飘海到罗刹国"的故事，蒲松龄听得入神，回去就写了想象丰富、构思奇巧的《罗刹海市》。

蒲松龄在众人的喝茶聊天中搜奇索异，时常能够捕捉到新异素材。就这样日积月累，终于写成了著名的《聊斋志异》。

在中国古典小说的璀璨星空中，施耐庵的《水浒传》描写梁山泊英雄好汉"替天行道"的故事，是我国第一部以农民起义为题材的章回小说；蒲松龄的《聊斋志异》用幻异情节，叙写花妖狐魅和民间传说，表达鲜明的爱憎和美好理想，在艺术上代表着我国文言短篇小说的最高成就。

1．小说

"小说"一词最早出现于《庄子·外物》。庄子所谓的"小说"是指琐碎的言论，与现在的小说概念相差甚远。直至东汉班固《汉书·艺文志》将"小说"定义为"小说家者流，盖出于稗官，街谈巷语，道听途说之所造也"。才与今日小说的意义相近。我国的小说经历了神话传说、魏晋志人志怪、唐传奇、宋元话本、明代拟活本及章回小说、清代长篇小说等发展阶段：

第一阶段是小说的源头——神话传说。古代神话传说反映了初民与自然的斗争，同时有着奇幻的想象和离奇的故事，塑造了许多神话人物形象，这些都成为后代小说发展的土壤和养分。早期的神话故事有《山海经》《穆天子传》等。

第二阶段是小说的形成——魏晋志人志怪小说。从内容看，分为谈论鬼怪神魔的"志怪小说"和记录人物的逸闻趣事的"志人小说"。干宝的《搜神记》是最有名的志怪小说。"志人小说"的代表是刘义庆的《世说新语》，它主要记录当时士族统治者的逸闻趣事，在艺术上有较高的成就，鲁迅先生在《中国小说史略》中对其作出评价："记言则玄远冷峻，记行则高简瑰奇。"

第三阶段是小说的成熟——唐传奇。从此小说正式形成自己的规模和特点，成为一种独立的文学样式。唐传奇的代表作有《南柯太守传》《莺莺传》《霍小玉传》等。唐传奇继承了史传文学的手法，情节曲折，想象大胆，细致刻画人物微妙的思想感情和内心活动，取得了较高的艺术成就。

第四阶段是宋元话本。话本小说以爱情、公案两类作品为最多，其语言以白话为主，融合部分文言，亦穿插一些古典诗词，作为一种新的文学体裁，其语言生动泼辣，富于表现力。

第五阶段是明代拟话本和章回小说。拟话本的代表作是"三言二拍"，章回小说代表作品有历史小说《三国演义》、神魔小说《西游记》等。这类小说体制宏大，融合历史传说和宽广社会生活画面，反映复杂的社会思潮和人文思想，情节曲折，结构复杂，并且具有一定的叙事模式，为清代长篇小说的繁荣打下了基础。

第六阶段的主要代表是清代小说双峰——《聊斋志异》和《红楼梦》。蒲松龄的《聊斋志异》既反映了丰富的社会生活，又有很高的艺术造诣，成为我国文言短篇小说之最；曹雪芹的《红楼梦》是中国古典小说的不朽巨著，是古代小说发展的一座高峰。

山东古代小说的发展经历了先秦至两汉的萌芽期、魏晋至元代初步发展期、明清的繁荣发展期三个阶段。施耐庵的《水浒传》和蒲松龄的《聊斋志异》是其中的杰出代表。

2．施耐庵与《水浒传》

施耐庵是元末明初杰出的文学家，号子安，别号耐庵。他耗尽毕生精力，前后经过近40年的不懈努力，终于完成经典巨著《水浒传》。

《水浒传》是我国第一部以农民起义为题材的长篇小说，取材于北宋末年宋江领导的水泊梁山农民起义。《水浒传》之所以成为我国文学史上影响巨大的作品，不仅在于它思想内容的丰富，而且在于它艺术的成熟。它的思想意义，主

127

要是通过对起义英雄的歌颂和对他们斗争过程的描绘表现宏大的历史主题；它的艺术成就，最突出地表现在对人物的塑造上。施耐庵把众多人物形象描写得惟妙惟肖，尤其是那一百单八个英雄好汉，特点突出，性格鲜明。这不仅体现出施耐庵高深的文学造诣，还充分体现出他严谨、认真的写作风格。人物形象塑造的成功，是作品具有光辉艺术生命的重要因素。这些个性鲜明的典型形象，有血有肉，栩栩如生，跃然纸上，读来则呼之欲出，这正是传世作品的经典魅力。明末清初的文学批评家金圣叹，将《水浒传》与《离骚》《庄子》《史记》《杜诗》《西厢记》合称为"六才子书"。

施耐庵在《水浒传》中淋漓尽致地表达了自己对"义"的崇敬和对"忠"的向往，歌颂侠义而又追求忠君。《水浒传》问世之后，人们渐渐将这种勇武侠义之风称之为"水浒文化"，水浒文化成为一种具有侠义风范的深厚而质朴的民间文化。勇武和侠义是水浒英雄共有的特征，正是赖于这种特征，梁山好汉们才有了炫目的光彩和魅力。随着时代的发展，侠义精神和义利观也有了新的内涵和时代特色。虽然每个时代的侠义精神都有不同的内涵和表现，但有一点是不变的，那就是为他人，为正义，为公正，侠义精神与现代社会并行不悖。

3. 蒲松龄与《聊斋志异》

蒲松龄是清代著名的小说家、文学家。字留仙，又字剑臣，号柳泉居士，世称聊斋先生，自称异史氏。"聊斋"是他的书斋名称，"志"是指记述的意思，"异"是指奇异的故事。"聊斋志异"的意思就是在书房里记录奇异的故事，他曾题写"有志者事竟成，破釜沉舟，百二秦关终属楚；苦心人天不负，卧薪尝胆，三千越甲可吞吴"的自勉联，发愤著书，以数十年时间，运用唐传奇小说文体，通过谈狐说鬼的方式，写成文言短篇小说集《聊斋志异》。

蒲松龄

《聊斋志异》全书将近500篇，内容丰富，主要分为三类：一是爱情故事，占据着全书最大的比重，故事的主要人物大多不惧封建礼教，勇敢追求自由爱情。这类名篇有《莲香》《婴宁》《倩女幽魂》等。

二是抨击科举制度对读书人的摧残。作为科举制度的受害者，蒲松龄在这方面颇有感触，《叶生》《司文郎》《王子安》等都是这类名篇。三是揭露统治者的残暴和对百姓的压迫，具有广泛的社会意义，如《促织》《席方平》《梦狼》等。小说中多采用民间传说和野史轶闻，把花妖狐魅和幽冥世界的事物人物化、社会化，充分表达了作者的爱憎感情和美好理想。故事情节幻异曲折，跌宕多变，引人入胜。鲁迅评价《聊斋志异》是"用传奇法，而以志怪"。郭沫若评价说"写鬼写妖高人一等，刺贪刺虐入骨三分"。《聊斋志异》在艺术上代表着中国文言短篇小说的最高成就，它博采中国历代文言短篇小说以及史传文学艺术精华，用浪漫主义的创作方法，造奇设幻，描绘鬼狐世界，从而形成了独特的艺术特色。现在以《聊斋志异》故事为内容编写的戏剧、电影、电视剧达160多部，充分体现了《聊斋志异》经久不衰的艺术魅力。

经典赏读

三打祝家庄（节选）

到第四日午牌，忽有庄兵报道："宋江军马又来在庄前了。"堂下祝龙、祝虎、祝彪三子都披挂了，出到庄前门外，远远地望见，早听得鸣锣擂鼓，呐喊摇旗，对面早摆下阵势。这里祝朝奉坐在庄门上，左边栾廷玉，右边孙提辖，祝家三杰并孙立带来的许多人伴，都摆在两边。早见宋江阵上"豹子头"林冲高声叫骂，祝龙焦躁，喝叫放下吊桥，绰枪上马，引一二百人马，大喊一声，直奔林冲阵上。庄门下擂起鼓来，两边各把弓弩射住阵脚。林冲挺起丈八蛇矛，和祝龙交战，连斗到三十余合，不分胜败。两边鸣锣，各回了马。祝虎大怒，提刀上马，跑到阵前，高声大叫宋江决战。说言未了，宋江阵上早有一将出马，乃是"没遮拦"穆弘来战祝虎。两个斗了三十馀合，又没胜败。祝彪见了大怒，便绰枪飞身上马，引二百馀骑，奔到阵前。宋江队里"病关索"杨雄一骑马，一条枪，飞抢出来战祝彪。

〔赏析〕　《三打祝家庄》是《水浒传》中非常精彩的段落之一。讲梁山好汉因杨雄、石秀在祝家庄被羞辱，决意攻打祝家庄。宋江带兵一打祝家庄，命石秀、杨林去探庄。结果杨林被擒，石秀遇到钟离老人，得知了盘陀路走法。祝家庄伏兵齐出，梁山人马迷路，幸亏石秀赶到说出暗记，花荣射落号灯，人马才得以安全退出。宋江二打祝家庄，仍然失利，但活捉了祝家庄的同盟军扈家庄的女将扈三娘，剪去了祝家庄一翼。三打祝家庄，利用新来投寨的孙立与祝家庄教师栾廷玉是师兄弟的关系，骗得祝家相信，孙立和家人亲戚打入祝家庄作内应。梁山人马与他们里应外合，最后攻破祝家庄，得胜回山。

三打祝家庄是梁山义军的一次著名战役。《水浒传》从第四十六回至第五十回，用了近三万字的篇幅详细描述了攻打祝家庄的全过程，情节曲折，扣人心弦。

知识链接

古典小说名著举要

在中国文学历史的长河中，有很多著名的经典小说作品。下面十部古典小说名著，以其个性精彩的语言、丰富深厚的思想内涵、引人入胜的故事情节、栩栩如生的人物形象，备受人们推崇和喜爱。

1.《红楼梦》	清·曹雪芹	6.《封神演义》	明·许仲琳
2.《水浒传》	明·施耐庵	7.《聊斋志异》	清·蒲松龄
3.《三国演义》	明·罗贯中	8.《儒林外史》	清·吴敬梓
4.《西游记》	明·吴承恩	9.《镜花缘》	清·李汝珍
5.《东周列国志》	明·冯梦龙	10.《官场现形记》	清·李宝嘉

学以致用

1. 以小组为单位，结合本单元所介绍的文学作品或其他与山东有关的经典故事，自编自演一个简短的舞台剧（内容体现正能量、弘扬传统文化），并录成视频，传到班级群，在班内交流。

2. 查阅相关资料，了解齐鲁大地还有哪些文化名人和文学名著，在班内组织以"文化齐鲁，书香流芳"为主题的经典朗诵会，体会齐鲁文化的特色和魅力。

第九单元 艺术宝库璀璨夺目

　　齐鲁多才俊，艺林天下闻。书法方面，从秦代石刻、汉代碑到晋代的书家"二王"，再到唐代"一代宗师"颜真卿，可谓名人辈出。绘画方面，嘉祥武氏祠汉画像石在艺术上堪称典范；宋代张择端的《清明上河图》，描摹市井风俗、勾栏馆舍，细致入微，丹青妙笔让风俗画登峰造极；客居潍县的郑板桥以画抒怀，写尽胸中块垒。音乐方面，宫廷雅乐显示出齐国"匡正天下"的气魄；各地民间曲调抒发了劳动人民的朴实热情；诙谐幽默的乡野俚曲，也把人世间的忠贞良善、悲欢离合蕴含其中。

二十九 华夏书艺萃齐鲁——书法

经典故事

王羲之被人称为"书圣"。传说东晋皇帝有一次要到北郊祭祀，让王羲之把祝词写在一块木板上，再派工人雕刻。刻字者雕刻时，发现王羲之的书法墨迹一直印到木板里面去了，足有三分深，不禁对王羲之笔力的雄劲大为惊叹。这就是成语"入木三分"的由来。

书法文化是中国文字的艺术呈现，其发展经历了大篆、小篆、隶书、楷书、行书和草书几个阶段。这些书法作品，刻在陡峭的山上的叫作"摩崖石刻"，刻在碑石上的叫作"碑刻"，写在纸上的叫作"帖"。齐鲁大地自古在书法界名人辈出，所以有"华夏书艺萃齐鲁"之说。

1. 摩崖石刻与汉碑

摩崖石刻是指将文字刻在山崖峭壁上。泰山是文化名山，摩崖石刻众多，闻名天下，现存 1 600 余处，分为摩崖石刻和碑刻。它们或为帝王亲制，或出自名流之手，大都文辞优美、制作精巧。

镌刻着秦始皇功德铭和秦二世诏书的秦石刻，被列为国家一级文物，堪称

摩崖石刻

稀世珍宝。相传由秦丞相李斯用标准的秦篆书写，现仅存10字，"臣去疾臣请矣臣"七字完整，"斯昧死"三字残泐（lè）不清。这些字上密下疏，笔画横平竖直，凡是相关的笔画，长度基本相等，这种轴对称的字和古代建筑一样，具有庄重、典雅、整齐的特点，给人以端庄之感。

白谷山铭

郑文公上下碑

　　除了泰山石刻外，北魏到北齐年间，在山东的莱州、青州、平度境内的山上，也出现了一大批摩崖石刻，这就是书法史上著名的"云峰石刻"。北魏人崇尚楷书，云峰石刻风格雄浑深厚、气势磅礴、规矩齐整，人们把它们称之为书法中的"龙"或"象"。其中云峰山的《郑文公碑（下碑）》、天柱山的《东堪石室铭》和《天柱山铭》、青州玲珑山的《白谷山铭》都是"云峰石刻"中的精品。

　　汉碑的兴盛与当时流行的"视死如生"观念有关。东汉世家大族竭力厚葬，立碑颂德之风达到极盛。豪门望族立碑时往往请书法名家写碑文，这大大推动了书法的发展。后来碑的功能不断扩大，衍生出纪事碑、功德碑、刻经碑、祭祀碑等。它们用汉代隶书写成，风格各异。流传至今的《史晨碑》《乙瑛碑》《礼器碑》《孔宙碑》《张迁碑》《曹全碑》《华山庙碑》《衡方碑》，被称为"汉隶八大碑"。

　　曲阜孔庙碑林石刻是中国四大碑林之一，收藏了历代碑刻精品，"汉隶八大碑"中有四块收藏在此。在书法风格上，《孔宙碑》秀丽，《礼器碑》端庄，《乙瑛碑》方整，《史晨碑》厚重。而藏在泰安岱庙里的《衡方碑》和《张迁碑》，又被称为"汉碑双璧"。《张迁碑》的书风古朴，笔笔饱满，字内布白较少，极具厚重之感；而《衡方碑》的书风壮美，字体方整，用笔有力，

衡方碑

下紧上松，极具端庄之美。

汉碑以法度森严著称，犹如文质彬彬的君子，点画统一又波磔分明，虽然风格不一，但都流露出深沉的儒家理性精神——重实用、规范、礼法、和谐，在总体上呈现出规范整齐、平正和谐的审美趣味，对后世书法影响巨大，例如王羲之就曾经刻苦摹写过这些汉碑，从中感悟到儒家的"中和"之美。

2. 书家"二王"

王羲之像

王羲之，字逸少，出生于山东琅琊（今临沂）书法名门，西晋永嘉之乱，"衣冠南渡"后迁居会稽山阴（今天浙江绍兴），因曾官居"右军将军"一职，又称"王右军"。

王羲之自小酷爱书法。传说他因为苦练书法，天长日久，用于清洗毛笔的池塘水都变成墨色，留下了"临池学书，池水尽墨"的美谈。王羲之少时学书法于卫夫人，所以字体有柔媚之姿，成年后渡江北上，游历名山大川，对前代名家碑帖"心慕手追"刻苦摹写，最终得到书法千变万化之神，笔风自成一体。由于他既是儒家学子，又信奉"五斗米教"，所以其书法风格平和自然，笔势委婉含蓄，遒美健秀。世人常用曹植《洛神赋》中"翩若惊鸿，婉若游龙，荣曜秋菊，华茂春松。仿佛兮若轻云之蔽月，飘飖兮若流风之回雪"的句子来赞美王羲之的书法之美。王羲之晚年书法达到炉火纯青的境界，南朝梁武帝称其"字势如龙跳天门，虎卧凤阙"，这种典雅流畅，结构严谨的字势，有一股自在的神韵在其中。

在王羲之的书法作品中，以行书《兰亭集序》、楷书《黄庭经》《乐毅论》最为著名。王羲之爱鹅成癖，《黄庭经》据传是山阴道士用白鹅跟他交换的，而《乐毅论》则是他写给儿子王献之的临帖。

《兰亭集序》被誉为"天下第一行书"，是王羲之晚年的精品，在晋穆帝永和九年（353年）写成。王羲之与谢安、孙绰等42个人在兰亭过修禊（xì）节，大家"曲水流觞"，饮酒作诗言志，一觞酒一首诗，最后得到数十首诗，众人倡议将它们结成一个集子，就推举王羲之为之作序。王羲之酒后微醺且兴致很高，在一种极其愉悦的状态下写下了这篇《兰亭集序》。此序不仅文笔优美，也达到了书法用笔的极致。据说后来他屡次书写，却再也达不到那一次的效果。

《兰亭集序》全帖一气呵成，用笔、结体、章法、韵致，尽善尽美，元代鲜于枢将它评定为"天下第一行书"。明代书法家董其昌说："右军《兰亭集序》章法古今第一，其字皆映带而生，或大或小，随手所出，皆入法则，所以为神品也。"相传真迹已随唐太宗埋葬昭陵，传世的几种都是唐人摹本。帖中即使是重复的字也结构不同，如全文有二十个"之"字，无一相同，可见其造诣之高。在章法布局上，以纵深为主，字形大小参差相间，错落有致，笔画映带或左或右，不失轴心，富有韵律。

冯承素摹本《兰亭集序》

王羲之被称为"书圣"，这源于他对书法艺术的卓越贡献。在王羲之之前，人们写字都是比较古朴的，接近于隶书，而王羲之在书法作品中增加了字的灵动成分，唐太宗用"清雄"两个字评价王羲之的书法。王羲之书法的整体风格符合中国古典哲学的中庸思想，既没有慷慨激昂的大起大落，也没有颓废低沉的萎靡不振。其书法作品安静雅致，但又很活泼的气息，有儒家的儒雅，有佛教的禅意，有道教的虚无，符合中国士大夫阶层的审美取向。

王献之，字子敬，小名官奴，官至中书令，人称"王大令"。他是王羲之的第七子，五六岁开始跟着父亲学习书法。有一次，王羲之看他正在聚精会神地写字，悄悄走到背后，突然去抽他手中的毛笔，笔纹丝不动。王羲之夸赞他：将来肯定能得大名。

王献之学书法的条件得天独厚——父母精通书法，外祖父郗（xī）鉴、舅父

王献之像

郗惜（yīn）也是大书法家。他继承家学，又刻苦用功，最终和父亲王羲之并驾齐驱，王羲之被称为"书圣"，王献之被称为"小圣"。他独创的"破体"也叫"大令体"，打破了楷书、草书的界限，既有楷书的工稳，又有草书的流畅。《书议》说："子敬才高志远，行草之外，更开一门……非草非行，流便于行草……有若风因雨散，润色开花，笔法体势之中，最为风流者也。"

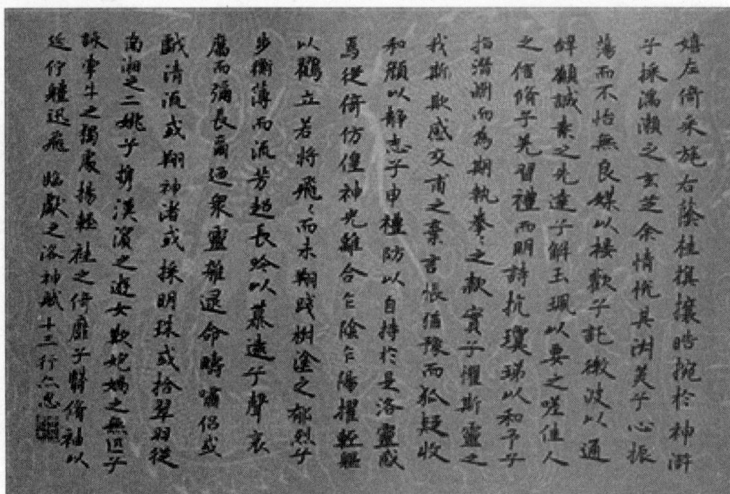

《洛神赋》摹本

王献之以行书和草书闻名，但楷书和隶书也有深厚功底，在当时的名声甚至大过其父，但他的作品未像其父作品那样有大量留存。王献之传世名篇是《洛神赋》，这里面还有一段故事：他20岁时与表姐郗道茂结婚，30岁时，迫于政治压力，娶了新安公主，做了东晋简文帝的驸马，从此与郗氏别离。这是他一生的憾事，所以在书写这篇赋时他寄托了对妻子的怀念。《洛神赋》用小楷书写，到唐宋时，仅残存13行，所以也叫《洛神赋十三行》。真迹因战乱不复存在，最接近真迹的石刻本，传说是宋代贾似道写的，刻在了石头上，因石色如碧玉，又称为"玉版十三行""碧玉十三行"。王献之的草书作品传世的有《鸭头丸帖》《中秋帖》等。

后世把王羲之、王献之并称为"二王"。

3．开宗立派颜真卿

由于唐太宗李世民酷爱和推崇书法，唐代出了很多书法名家，颜真卿就是其中一位。

颜真卿，唐朝人，字清臣，小名羡门子，别号应方，祖籍琅琊（今山东临沂）。他出生在一个世代擅长书法、精通文字学的士大夫之家，五世祖颜之推，著有《颜氏家训》，也是一代宗师。

颜真卿像

用"字如其人"形容颜真卿的书法非常妥帖。颜真卿一生忠义刚毅，人品高尚。唐玄宗时他在平原郡做官，曾与自己的堂兄颜杲（gǎo）卿互相策应，为最终平定"安史之乱"建立不朽之功。在唐肃宗时，颜真卿任御史大夫，清正刚毅，做到鲁郡开国公，故世称"颜鲁公"。唐德宗时，卢杞为宰相，想加害颜真卿，派他去汝州说降叛将李希烈。颜真卿拒绝李希烈的高官厚禄，最终慷慨赴死，享年76岁。死前他亲自写了墓志和祭文。

颜真卿这种忠君爱国的风骨充分体现在他的书法中。他创立的"颜体"，笔法精严，气量恢弘，轻撇重捺，雄壮粗拙。他44岁时所写的《大唐西京千福寺多宝塔感应碑》（世称《多宝塔碑》），初显颜体笔法；56岁写《郭家庙碑》，笔法刚健，形成大气磅礴的独创风格，是颜体书法变法的开始；62岁书《麻姑山仙坛记》，外形已经撑足圆浑；70岁写的《颜勤礼碑》则标志着颜体艺术已经完全成熟，是他晚年最重要的代表作。

《祭侄文稿》《争座位帖》是颜真卿书法的精品，与王羲之的《兰亭集序》齐名。《争座位帖》是他与朋友郭英之的书信稿，当时他因不满意权奸骄横而奋笔直书。后来宋代安世文得到这个文稿，就找人刻在石头上，这块石头现存于陕西西安碑林。宋代苏轼曾经在安世文那里见到颜真卿此帖的真迹，称赞说："此公书尤为奇特，信手自书，动有姿态。"我们现在看到的石碑刻文，一气贯之，虎虎有生气，字里行间横溢着忠义之风，显示了颜真卿刚强耿直、朴实敦厚的性格。

颜真卿的书法艺术博大精深，是我国书法艺术宝库中一颗璀璨的明珠。他博采众长推陈出新，在"二王"之后又开宗立派。在书写方法上，"颜体"把方笔改为圆笔，似拙实巧；转折处提笔另起，不折不顿，蓄势回锋；下笔圆劲雄重，锋芒外露，朴拙老辣。"颜体"完成了汉字楷书在结构、形体最后阶段的变化，是汉字书写在唐代的又一次升华。

经典赏读

《兰亭集序》"之""之"不同，字字珠玑

图1出自"仰观宇宙之大"句，横撇的处理与第三个字基本相同，但捺是方捺。

图2出自"虽无丝竹管弦之盛"句，点似鹅头，横撇的转折处顿笔明显，捺笔是用反捺内收，意味含蓄。

图3出自"会于山阴之兰亭"句，横和捺几乎一线，捺笔由转笔开始始到轻笔出锋。布白上紧下松。

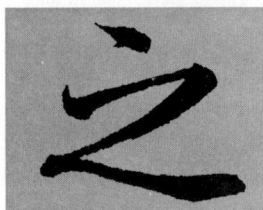  

图1　　　　　　　图2　　　　　　　图3

图4出自"俯察品类之盛"句，点、横折撇运笔轻快，到捺笔时渐渐趋向稳重，以顿笔稳稳收住，字体饱满圆融，与起笔的轻盈迅捷形成对比。

图5出自"放浪形骸之处"句，这个"之"字是全帖唯一以草书的牵丝笔画与下面的字接续相连的，与上面一个"之"近似但颇有气势，如春风拂面，灵动而不纤弱。

图4　　　　　　图5　　　　　　图6　　　　　　图7

图6出自"极视听之娱"句，横折撇捺连贯一气，矫若游龙，收笔稳健，布白均匀。

图7出自"夫人之相与"句，点和横连绵不断，到撇时重压侧缝转折，再到捺笔直接截断，顿笔收，最后出锋回应，动感极强。

知识链接

"永"字八法

"永"字八法相传为隋代智永和尚（王羲之的七世孙）所创，是中国书法的用笔法则。以"永"字八笔顺序为例，阐述正楷笔势：点为"侧"，侧锋峻落，铺毫行笔，势足收锋；横为"勒"，逆锋落纸，缓去急回，不可顺锋平过；竖为"努"，不宜过直，太挺直则木僵无力，而须直中见曲势；钩为"趯"（tì），驻锋提笔，使力集于笔尖；仰横为"策"，起笔同直划，得力在划末；长撇为"掠"，起笔同直划，出锋稍肥，力要送到；短撇为"啄"，落笔左出，快而峻利；捺为"磔"（zhé），逆锋轻落，折锋铺毫缓行，收锋重在含蓄。

三十　水墨丹青绘百态——绘画

经典故事

相传，孔子曾经多次向老子学习礼和易。汉代画像石用其特殊的艺术形式再现了当年孔子拜见老子的场面。如右图中，老子与孔子皆宽衣博带，孔子手中捧一雁作为馈赠礼品，这正符合《仪礼·士相见礼》的记载："下大夫相见以雁"。孔子和老子中间的小孩是神童项橐（tuó），孔子仿佛在向他虔诚请教。这幅石画像的线条流畅、人物生动，再现了儒家先师孔子谦虚向学的情景。

汉画像石《孔子见老子》

汉画像石是汉代人雕刻在墓室或祠堂四壁的装饰性石刻壁画。这种艺术形式同商周的青铜器、南北朝的石窟艺术、唐诗、宋词一样，成为我国文化艺术中的杰出代表。在艺术形式上，它上承战国绘画古朴之风，下开魏晋风度艺术之先河，奠定了中国画的基本规范。

1. 盛世遗韵——嘉祥武氏祠汉画像

武氏祠画像

武氏祠汉画像位于济宁嘉祥武氏祠内，其工整朴实的构图，典型地体现了汉画像石的艺术特色。其雕刻方式有四类：

一类是凿纹减地平面线刻。在制作时先把石面打磨光滑平整，用线条刻出景象的轮廓，然后在图像外凿上细密的凿纹来突出图像。

第二类是凹面阴线刻。图像的雕刻低于平面，制作时先将石头用竖阴阳刻线加工，再在石面上画上图像，然后把图像部分减低于石面，图像的细部一般用阴刻线表现。

第三类是平面浅浮雕。这种技法是在"减地平面刻"基础上的一种延伸，与"减地平面刻"相比"减地"更深一些，一般1～2公分，把突起的形体轮廓的边线处理成弧形，使形体饱满生动，视觉效果更加突出。

第四类是平面阴线刻。直接在打磨光滑的平整石面上用阴线刻出图像。这种形式在汉画像石的雕刻技法中是绘画性最强的一种，类似后世的白描。

武氏祠汉画像不仅雕刻技艺娴熟，题材也非常丰富，依照题材可以将其分为三类：

《车骑出行图》《宴饮图》：用以表现墓主人身份显赫，养尊处优。刻在祠堂中心后壁的明显之处。

第一类是社会生活类画像：这类画像是为了表示祠主人生平的尊贵地位和奢华的生活享受。

第二类是历史故事类画像：这些人物和故事是当时祠堂主人所推崇、效法的楷模。它们占据了整个祠堂墙壁画面的绝大部分，而且人物都有"榜题"，对所画图像进行解释。

第三类是神鬼仙灵类画像：这类画像内容具有浓厚的神秘色彩，包含各种神话传说演变而来的神灵，主人刻画这些主要是为了祈求天地神灵保护，祈求死后能够升仙。

武氏祠画像采用分层分格构图方法，每一层主题不同，每一格人物故事不同，构图复杂而又均衡匀称，具有浓郁的装饰效果（如下图）。

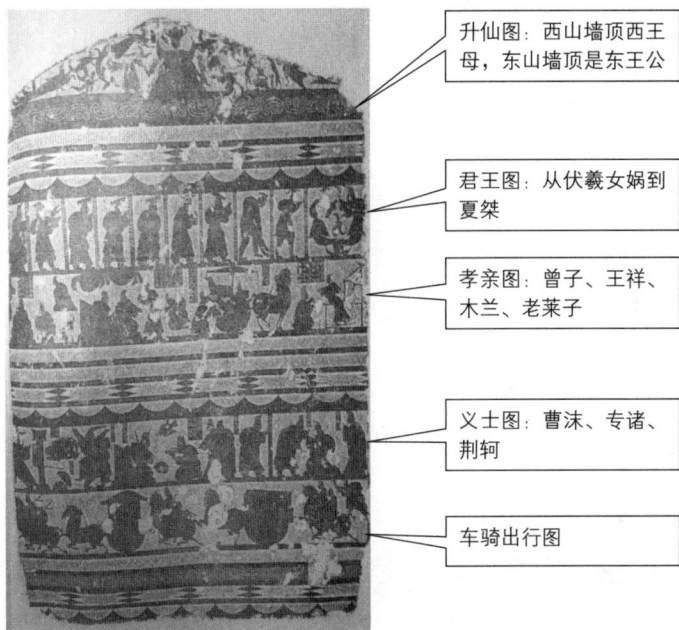

升仙图：西山墙顶西王母，东山墙顶是东王公

君王图：从伏羲女娲到夏桀

孝亲图：曾子、王祥、木兰、老莱子

义士图：曹沫、专诸、荆轲

车骑出行图

嘉祥武氏祠第一幅西壁画像

嘉祥武氏祠汉画像被誉为"盛世遗韵"，首先是因其题材丰富、思想内涵深邃。其次是因其雕绘艺术高超，武氏祠内许多作品已成为中国古代艺术的标志性图案，如陕西黄帝陵的黄帝像、联合国水利馆中的大禹塑像、《中国大百科全书》中的伏羲女娲图像、历史教材中的"荆轲刺秦王"，均取于此。联合国教科文组织把它与同时期埃及的浮雕、古希腊的瓶画，并称"世界三绝"。

2. 稀世珍品——《清明上河图》

北宋著名画家张择端，字正道，又字文友，东武（今山东诸城）人。他的《清明上河图》长卷，用现实主义手法，全景式构图，生动细致地描绘了北宋都城汴京（今河南开封）舟船往复、店铺林立、人烟稠密的繁华景象和丰富的社会生活习俗风情，具有极高的艺术价值和史学价值。

《清明上河图》宽24.8厘米，长528厘米，构图疏密有致，注重节奏感和韵律的变化，有着非常鲜明的艺术特色。

首先，用"散点透视法"来摄取景象，内容丰富有序。画家好像用一台全景摄像机，以不断移动视点的手法，把大到广阔的原野、浩瀚的河流、高耸的城郭，小到舟车上的钉铆、摊位上的小商品、市招上的文字，和谐地组织成统一的整体。在画中有仕、农、商、医、卜、僧、道、胥吏、妇女、儿童、篙师、缆夫等人物，有驴、马、牛、骆驼等牲畜，有赶集、买卖、闲逛、饮酒、聚谈、推舟、拉车、乘轿、骑马等情节。其中大街小巷密布，店铺林立；酒店、茶馆、点心铺等百肆杂陈；官府宅第、茅棚村舍等密集有序；穿插的充满着戏剧性的情节冲突，更是让人回味无穷。

其次，结构严谨，繁而不乱，段落分明。全图分为三个段落：首段画汴京郊野的风光，中段画繁忙的汴河码头，后段画热闹的市区街道及皇宫金明池景象。首尾呼应，全卷浑然一体。画中每个人物、景象、细节，都安排得合情合理，疏密、繁简、动静、聚散等画面关系，处理得恰到好处，达到繁而不杂、多而不乱的极致效果。充分表现了画家对社会生活的深刻洞察力和高度的画面组织和控制能力。

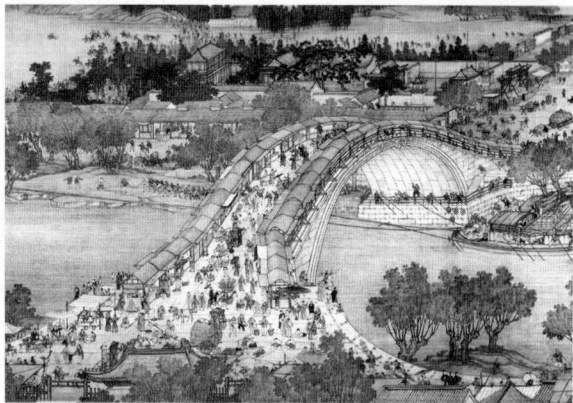

《清明上河图》局部：热闹的虹桥

最后，技法纯熟，笔法精细。画家通过细致入微的观察，刻画每一个细节。图中每个人各有身份，各有神态，各有动作。房屋、桥梁等建筑结构严谨，描绘得一丝不苟，甚至屋顶上的鸟雀也精细描画，车、马、船、人面面俱到，描画谨慎细微又不失全貌。船只上的物件、钉铆，甚至结绳系扣都交待得一清二楚，令人叹为观止。

《清明上河图》描绘了北宋汴京市井生活的繁荣景象，反映了北宋的城市面貌和当时各阶层百姓的生活。所以这件现实主义的杰作，也成为研究北宋汴京城市经济及社会生活的珍贵历史资料，具有极高的史料价值和艺术价值。

3．兰竹风骨——郑板桥书画诗三绝

郑板桥是清朝著名书画家、文学家，"扬州八怪"之一。他一生爱竹成癖，画竹、咏竹，与竹子有着不解之缘。乾隆年间，郑板桥任山东潍县知县，以竹寓人生，并写下"难得糊涂"的为官感悟。赈灾时，他曾写下著名诗篇："衙斋卧听潇潇竹，疑是民间疾苦声。些小吾曹州县吏，一枝一叶总关情。"后来被人陷害，以赈灾不当被惩，郑板桥画竹题诗惜别潍县："乌沙掷去不为官，囊橐（tuó）萧萧两袖寒。写取一枝清瘦竹，秋风江上作渔竿。"这些竹画和题诗见证了郑板桥为官清正的品质，也表达了他对潍县的留恋。

郑板桥画的竹子清瘦孤傲、超凡绝俗，有一种豪迈凌云、倔强不驯的气概。枝叶不多却浓淡交错，疏密有致。不论是翠绿如烟的新竹，还是褐色斑斑的老竹；不论是晴日之竹，还是雨中之竹；不论是亭亭玉立的水乡竹，还是坚韧傲然的山野竹，都仿佛有生命。

"师法自然"是郑板桥的座右铭。他在一首《题画竹》中曾写到自己小时候学画："凡吾画竹，无所师承，多得于纸窗粉墙日光月影中耳。"郑板桥以画的姿态写字，用字的笔法绘画，把自己独创的"六分半书"字体和所画的竹石兰等结合在一起，在密密麻麻的题跋中写自己的创作经验，让诗在竹干间吟啸，形成了独特的板桥画风。

郑板桥以画抒怀，他以竹之"介于石，臭（xiù）于兰，坚多节，君子以之"来表达自我孤高的情操。他每每以竹自况，如："咬定青山不放松，立根原在破岩中。千磨万击还坚劲，任尔东西南北风。"因此，他笔下的修竹有清雅之美、傲世之性、虚心有节之品，这与他的人格精神和情操相合，显示了他与黑暗官场顽强抗争的不屈不挠精神。

郑板桥"春风七载在潍县"，"一肩明月，两袖清风"，辞官离开时只带了一条黄狗和一盆兰花，但他在潍县的诗画以及他为潍县百姓做的事都化成了齐鲁大地的一部分，成为齐鲁文化品格中的一个重要标签。

经典赏读

题画兰
清·郑燮

兰草已成行，山中意味长。

坚贞还自抱，何事斗群芳。

〔赏析〕 自古以来，人们把兰花视为高洁、典雅、爱国和坚贞不渝的象征，它"清香而色不艳"，风姿素雅，花容端庄，幽香清远，是高尚人格的象征。郑板桥借兰花表达了自己淡泊名利、不随波逐流的高尚情操。

题竹诗

清·郑燮

咬定青山不放松，立根原在破岩中。

千磨万击还坚劲，任尔东西南北风。

〔赏析〕 这首题竹诗寓意深刻，不仅赞美竹子顽强的精神，也隐喻自己强劲的性情。所以，这首诗不仅是写竹，也是在写人，写诗人那种正直倔强的性格。

知识链接

中国十大传世名画

中国十大传世名画分别为：东晋顾恺之《洛神赋图》（真迹已佚，现存摹本），唐代阎立本《步辇图》，唐代张萱、周昉《唐宫仕女图》，唐代韩滉《五牛图》，五代顾闳中《韩熙载夜宴图》，北宋王希孟《千里江山图》，北宋张择端《清明上河图》，元代黄公望《富春山居图》，明代仇英《汉宫春晓图》，清代郎世宁《百骏图》。

三十一 亦庄亦谐寓人生——曲艺

经典故事

古时候，有个叫韩娥的女子在齐国卖唱求食，歌声美妙而婉转，三天后余音在房梁间缭绕，人们都说韩娥之歌"余音绕梁，三日不绝"。当她受到店家羞辱，伤心地"曼声哀哭"而去时，声音悲凉，一时间，"老幼悲愁，垂泪相对，三日不食"。旅店主人把韩娥请回来后，她"复为曼声长歌"，众人闻之又唱又跳，气氛顿时欢悦起来，把此前的悲愁全忘了。

从这个故事中，我们可以看出音乐对人情感的影响以及对人的教化作用。音乐可以育德也可以抒情，所以齐国和鲁国非常重视礼乐教化。礼就是指各种礼节规范，乐则包括音乐和舞蹈。

1. 礼乐文化雅俗嬗变

音乐是情感的抒发。齐鲁宫廷音乐庄严肃穆，传达儒家"和"的思想，而民间的音乐则抒发了山东百姓勃发的生命力和对生活的热情。

《韶》乐，是中国的一种传统宫廷音乐，起源于五千多年前，相传是上古舜帝创作，是一种集诗、乐、舞为一体的综合艺术。该乐在《竹

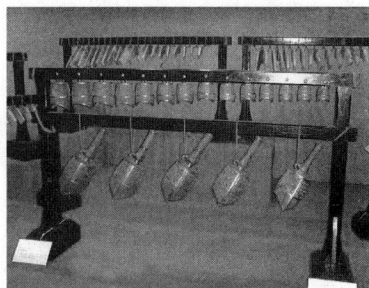

1999年在山东章丘洛庄汉墓出土的西汉编钟和编磬。

书纪年》《吕氏春秋·古乐篇》《史记·孝文帝本纪》《汉书·礼乐志》等书籍中均有记载。《韶》入齐后，成为齐国宫廷音乐。为适应当地民风，"因俗简礼"；《韶》乐从内容到表演形式都有所演变，展现了新的风貌。鲁昭公二十五年（前517年）孔子到了齐国，在那里观赏《韶》后，"三月不知肉味"，由衷赞叹曰："不图为乐之至于斯也！"留下了一段佳话。

除了典雅的宫廷音乐，山东地区还有大量的民间音乐。"长岛渔号"是山东沿海地区特有的音乐，有着强烈的生活气息。渔号一旦响起，就有以一当十的降龙伏虎之威。如"发财号"轻慢悠扬，柔中有刚，它伴随着动作、环境、心绪，曲调欢快、平和，像一曲带着海鲜味的"信天游"。"摇橹号"急促、节奏快，号子响起来时，仿佛可以看见渔民在力系千钧的缆绳和拨水推浪的橹杠上，脊梁裸露，胳膊粗壮，手腕和腿上青筋暴起，这充分表现了崇尚团结、不畏艰险、同舟共济的强大群体力量。

在内陆地区，同样有大量优美的民间音乐，现在可知的著名民歌有《沂蒙山小调》《包愣调》等。《沂蒙山小调》曲调优美，节奏明快，又充满诗情画意，唱出了沂蒙人民对家乡的无限热爱。如今《沂蒙山小调》与《茉莉花》被联合国教科文组织评定为中国优秀民歌，蜚声海内外。"沂蒙山区好风光"也逐步渗入到人们的心灵中，成为沂蒙山区乃至齐鲁大地的经典旋律。

无论是典雅的宫廷音乐还是人们喜闻乐见的民间音乐，都受到了齐鲁文化的熏陶，反映了齐鲁礼乐教化之风，体现了山东特色。

2．地方戏曲妇孺皆知

山东地方戏曲种类繁多，深受百姓喜爱，吕剧即是其中的杰作代表。吕剧又称化装扬琴、琴戏，是山东最具代表性的地方剧种，中国八大戏曲剧种之一，起源于山东以北的黄河三角洲，由山东琴书演变而来。其音乐属于板腔体，兼唱曲牌，主要伴奏乐器为坠琴、扬琴、三弦和琵琶，称为"吕剧四大件"。

吕剧四大件

吕剧传统剧目多取材于民间传说故事，反映普通百姓的日常生活，多表现家庭伦理、风土人情、恋爱婚姻、儿女情长，经过历代艺人的千锤百炼，情节细致生动，群众语汇丰富，表演朴实自然，没有严格的程式规范，比较生活化，深受观众欢迎。

吕剧的艺术特点很突出：一是音乐优美朴实；二是演唱自然流畅，男女腔均以真声为主，个别高音之处用真假声结合，以字设腔；三是语言贴近群众。吕剧使用济南官话，偏重于上韵，其重字规律和读音咬字方法都与普通话多有近似之处。

吕剧的传统剧目分两类，一种是小戏，如《小姑贤》《王定保借当》《小借年》等，这是它的基本戏；另一种是连台本戏，多根据鼓词、小说和琴书的脚本改编，如《金鞭记》《金镯玉环记》《五女兴唐》等。1949年以后，吕剧获得新生，出现了郎咸芬、李岱江等一大批优秀艺术家。《李二嫂改嫁》《画龙点睛》《石龙湾》《苦菜花》《补天》《百姓书记》《回家》等诸多剧目，因为表现了强烈的时代精神，在全国很有影响力，得到观众的一致认可。

3．传统曲艺家喻户晓

（1）山东大鼓

山东大鼓源远流长，是北方地区现存最早的鼓曲形式。最初因伴奏乐器为犁铧碎片，名曰"犁铧大鼓"。清末刘鹗《老残游记·明湖湖边美人绝调》在讲到白妞王小玉姐妹说书时，称它"本是山东乡下土调，用一面鼓，两片梨花简，名叫梨花大鼓"。后来则定名为山东大鼓。

山东大鼓发源于鲁北、冀南一带的农村，最初只是临时性的业余演出。到清代中叶，发展成为一个具有相当影响的民间职业说书形式，艺

山东大鼓唯一国家级传承人左玉华

术表现手法趋于完备，形成了一批如《响马传》系列中篇、《黑驴段》短篇等书目，唱腔上也发展出了老北口调、南口梨花调和小北口调三大派别。艺人队伍明显扩大，于清嘉庆年间发展出了五大支派，深受北方地区百姓尤其是农民的喜爱。

清同治、光绪年间，山东大鼓开始进入济南等城市，并出现了武定人郭密香、临清人黄大妮儿、郓城人王小玉姐妹（白妞及黑妞）等一大批著名艺人，使山东大鼓真正立足城市。王小玉（白妞）被誉为"红妆柳敬亭"，是山东大鼓发展史上里程碑式的人物。《老残游记》《旧学庵笔记》等对她的精湛技艺有非常细致的描绘。民国时期，著名的山东大鼓艺人则有被称为"四大玉"的谢大玉、李大玉、赵大玉、孙大玉，名噪一时，甚至进入了北京、南京、上海等大城市。20世纪40年代，由于种种原因，山东大鼓日渐衰落。

在演出形式上，山东大鼓多为单人站唱，也有二人对唱的形式。主要伴奏乐器为矮脚小鼓、大三弦和月牙板（也叫梨花片）。演唱时，演员右手执鼓楗击鼓，左手操钢板敲击演唱，乐师则以三弦伴奏。演出形式较为单一，但有极强的艺术表现力。

在演出内容上，山东大鼓以中短篇为主。中篇有《大破孟州》《大送嫁》《范孟亭推车》等数十部；短篇多从"四大名著"中取材，如来自于《三国演义》的《东岭关》《长坂坡》《夜战马超》，来自于《红楼梦》的《黛玉葬花》《宝玉探病》，来自于《水浒传》的《李逵夺鱼》《燕青打擂》，等等。不论中篇还是短篇，均有曲词典雅、韵味醇厚、雅俗共赏的特点。

（2）山东琴书

山东琴书是山东地区传统曲艺品种之一，又名"唱扬琴""山东扬琴"等，早期称作"小曲子"。它是在明清俗曲的基础上形成的以联曲体为主的曲艺形式，迄今已有近三百年的历史。山东琴书发源于鲁西南的农村，主要流布于山

东全境，有南路、北路和东路三个主要流派。山东琴书文化底蕴丰厚，是山东吕剧的直接母体，历史文化价值比较独特。2006年5月，山东菏泽申报的"山东琴书"，经国务院批准，列入第一批国家级非物质文化遗产名录。

山东琴书采用山东方音表演，所用唱腔曲调十分丰富，演出者一般为2至5人，演唱者分若干角色，也兼乐器伴奏。传统的演唱讲究稳重大方，演唱者正襟危坐，仪态端庄，目不斜视，全靠富于变化的唱腔和伴奏配合，来完成故事情节的表达和人物形象的刻画。

山东琴书的传统代表性节目很多，长篇有《白蛇传》《秋江》及《大红袍》等多部；中篇有《王定保借当》《三上寿》等七八十部；短段儿多为从早期小曲子节目中传承下来的经典之作。

（3）山东快书

山东快书非遗传承人阴军

山东快书起源于临清、兖州一带，已经有一百多年的历史。山东快书以说唱为主，语言节奏感强，基本句式为"二、二、三"的七字句，为保证演唱的明快，一般句子最后为三个字。演出时，演出者左手击打两块相同的竹板或铜板（鸳鸯板）作为伴奏乐器。2006年5月，山东快书经国务院批准，列入第一批国家级非物质文化遗产名录。山东省曲艺家协会副主席阴军，是山东快书的省级非物质文化遗产代表性传承人。

在山东快书传统书目中，有关武松故事的唱段占了很大的比重，成为整个传统山东快书的基本书目。山东快书名家高元钧改编的高版《武松打虎》唱词精练，动作潇洒，尤其以拟人化的巧妙手法，让老虎与武松展开对话的情节，更是神来之笔，起到了很好的效果。该唱段气势恢宏，语言夸张，人物形象鲜明，具有典型的山东快书的特点。

经典赏读

吕剧《小姑贤》是根据婆媳矛盾改编的地方戏曲：刁氏的儿子王登云娶妻李荣花，夫妻恩爱。刁氏偏爱自己的女儿，觉得儿媳妇处处不顺眼，时常借故虐待儿媳。小姑子感到愤愤不平，就巧妙保护嫂嫂，并以自身为例劝说母亲，在一系列巧妙设计后，刁氏醒悟改正错误。

该剧自诞生以来就因生动的故事编排、形象的人物设置和唱词语言巧妙运用，成为吕剧的代表，并走向全国。首先，《小姑贤》的语言有着鲜明的山东特色，如"啥""俺""他二婶

吕剧《小姑贤》

子""登云他娘"等称谓极具有山东地域特色；其次，唱词诙谐幽默，让人不禁发笑，意想不到的幽默设计，不仅满足了剧情的需要，也生动刻画了人物形象。

知识链接

山东地方戏曲

除了吕剧外，柳子戏、山东梆子、五音戏等也是山东有影响的地方戏曲。柳子戏属于弦索系统，已有500多年历史，现挖掘出的传统剧目近200出，如《孙安动本》《张飞闯辕门》等，现代戏有《江姐》等。山东梆子又名"高调梆子"，唱腔高亢激越，慷慨悲壮，其代表性剧目有《两狼山》《程咬金招亲》等。五音戏又名"秧歌腔""五人班"，系在民间秧歌、花鼓及"肘鼓子调"的基础上发展而成，代表性演员有邓洪山，代表剧目为《王二姐思夫》《王小赶脚》等。

学以致用

1. 查阅相关资料，全览《清明上河图》，并对《清明上河图》进行赏析。同时请分组讨论《清明上河图》画的是哪个季节，并说明原因。有机会还可以去故宫博物院观看《清明上河图》的三维高清动画。

2. 组织班内同学，搞一次书法大赛，并进行评比。让练习书法成为同学们不可缺少的每日活动，让书法永流传。

第十单元 民间工艺美轮美奂

　　传统文化是民族的根，是民族的精神支柱，而民间工艺则是传统文化的重要载体之一。在几千年的生产劳作中，齐鲁人民创作出大量充满人文底蕴和地域特色的民间工艺品。阳春三月，扎制精美的潍坊风筝；除夕团圆夜，古朴稚拙的杨家埠木版年画和精巧淳朴的高密剪纸，诉说着人们对美好生活的祝福与期待；更有浑厚绚丽的淄博陶瓷，色彩斑斓的鲁西南织锦和技艺精湛的曲阜楷（jiē）雕……精雕细刻间连接起民族的根脉，续写着中华儿女绵长细密的情怀。

　　这些民间工艺简练、明快、粗犷，又不失灵气和纯真。她来自民间，蕴含着乡土气息、民族情感，散发着朴实无华的艺术魅力；她有强大的生命力，体现着齐鲁人民刚健自强、力图创新的文化情愫。

　　传承好民间工艺，在创新中不断发展，对于我们来讲，意义非凡！

三十二　心灵手巧聚民智——鲁东篇

经典故事

关于风筝的起源，有两种说法。据《韩非子·外储说》记载，墨子用木头制作鸢，花了三年时间才完成，制成后，木鸢在天上飞了一整天都没有落下来。还有一种说法，据《墨子·鲁问》记载，公输班（即鲁班）用竹子削成鹊的样子，制成以后，木鹊在天上飞了三天都没有落下来。总之，不论哪一种说法，都证明我国风筝文化源远流长。

1. 风筝

中国是风筝的故乡，齐鲁是风筝的发源地，潍坊则是风筝的重要产地。早在两千多年前，中国就有了风筝。自汉代发明纸以后，风筝就开始用纸张糊制，称作"纸鸢"。明清时期，风筝制作技艺进入鼎盛时期，在尺寸大小、制作样式、扎糊技术、图案色彩、放飞技艺上，与以前相比有了很大进步。

心灵手巧的潍坊风筝艺人用木版年画印刷风筝纸来扎制风筝，还采用贴纸、剪纸、描金等装饰手法对风筝进行装饰。潍坊风筝汲取京津风筝之长，具有扎制精美、造型新颖、构图合理、色彩鲜明、画工别致的特点。最具代表性的是大型龙头蜈蚣风筝，长百余尺。将风筝放飞时，先将尾部和腰节逐一展开，几十甚至几百节长"腰子"产生的升力会渐渐将龙头带起。龙头蜈蚣扶摇直上蓝天，看上去气势恢宏，蔚为壮观。

潍坊传统风筝因主材不同、形状各异而有不同种类，主要包括硬翅风筝、软翅风筝、串式风筝、桶形风筝和板子风筝等五大类。

硬翅风筝的特点是，升力片（翅）用上下两根横竹条做成翅的形状，两侧边缘高，中间凹，形成通风道。翅的两端向后倾，使风从两端逸出，平着看为元宝形。

软翅风筝就是常见的禽鸟风筝。它的升力片（翅）由一根主翅条构成，翅子的下部是软的，没有主条依附，主体身架多做成浮雕式。多数造型是禽鸟或昆虫，如仙鹤、燕子、蝴蝶、蜜蜂等。

串式风筝是把几只相同或不相同的风筝，如冰糖葫芦一般，用一根线或多根线串连起来再放飞。如龙头蜈蚣、七仙女下凡、八仙过海、梁山一百单八将等。

桶形风筝是指由一个或多个圆柱形或其他形状的桶组成的风筝。如宫灯、花瓶等。

八卦风筝

板子风筝即平面风筝，从结构和形状上看，它的升力片（翅）就是主体，无凸起结构，风筝四边有竹条支撑。这类风筝一般都拖着一条长长的尾巴或穗子，如筝子风筝、八卦风筝等。

从制作工艺看，潍坊风筝独特的个性是通过"扎、糊、绘、放"四种技艺来表现的。

"扎"是第一步。风筝的骨架一般用竹扎成，扎骨架的工序包括选竹材、破竹材、削竹条、修竹条、弯竹条、扎结竹条等。

"糊"是第二步。糊法有两种，一是把纸包贴在竹条四个面上，叫"包边儿"；二是把纸包贴在竹条两个面上，待浆糊干了之后，用刀把多余的纸裁下来，叫"裁边儿"。第二种方法会露出一部分削修加工的竹条，更能显示出艺人的制作技巧。

"绘"是第三步。风筝的绘画构图与设色最能体现地方特色。潍坊风筝汲取杨家埠木版年画的技法，又集京津风筝之长，线条粗犷，色彩以红、黄、蓝三原色为基础色，重笔浓抹，色调明快。

"放"是第四步。放风筝的工具有线、绕线工具和各种附加物。过去放风筝的线有"缝衣线"（适合放小风筝）、"小线"（三股棉线）、"衣线"（真丝线）、"麻线"等，现代有专用风筝线。绕线工具是"线桄子""线拐子"，放更大的风筝要用"绞车"。风筝的附加物是放风筝时做游戏用的，主要有"风琴""锣鼓""送饭儿"等。

风筝作为一项古老的民间体育活动，与节日、养生、地域文化有机融合，形成了具有浓郁东方民俗色彩的中国风筝文化。2006年5月20日，潍坊风筝制作技艺经国务院批准，被列入第一批国家级非物质文化遗产名录。艺人张效东被列为国家级代表性传承人，这更有利于风筝技艺的传承和保护。每年一度的国际风筝会，使潍坊风筝这一传统工艺走出国门，走向世界，成为承载和平、传递友谊的纽带与桥梁。

文化名片

名　　称：潍坊国际风筝会
第 一 届：1984年4月2日
时　　间：每年四月中旬
影　　响：国际风筝会的举办，让世界了解了潍坊，潍坊走向了世界，极大地促进了潍坊经济和旅游业的发展；也让世界领略了中华优秀传统文化的魅力。

2. 木版年画

潍坊杨家埠是木版年画的故乡。杨家埠木版年画与天津杨柳青年画、江苏桃花坞年画、四川绵竹年画并称"中国四大年画"。杨家埠木版年画在清乾隆年间已相当繁荣，当时"画种过千，画版数万，作坊百家"，"家家能点染，户户绘丹青"；在清咸丰年间，杨家埠年画达到空前繁盛。

木版年画

杨家埠木版年画以浓郁的乡土气息和淳朴鲜明的艺术风格驰名中外，长期以来形成了鲜明的艺术特点。在表现手法上，通过概括、象征、寓意和浪漫主义手法体现主题。构图完整、饱满、匀称，造型夸张、粗壮、朴实，线条简练、挺拔、流畅，色彩鲜明艳丽，具有浓郁的生活气息。

杨家埠年画题材极为广泛，表现内容丰富多彩，主要包括门神类、炕头画类、窗饰类、中堂类、条屏类、神像类等。

门神类题材主要是武门神和文门神。武门神特点是，人物形象魁伟粗壮，身着盔甲，手执兵刃，宛如威风凛凛的卫士，两眼圆睁，审视着门外，如《神荼郁垒》《秦琼敬德》等，一般贴在临街大门上。文门神则和颜悦色，有接福迎祥的

炕头画

寓意，如《三星门神》《天官赐福》等，一般贴在堂屋门上，寄托美好的愿望。

"炕头画"是指在炕周围墙壁上贴的年画。主要形式有横批、竖批、方贡笺、斗方、炕围子等。横批多数题写顺口溜一类的诗歌，图文并貌。如《男十忙》《女十忙》等。竖批的品种较少。方贡笺多是吉利的娃娃图，其次是小说、戏文、故事画，如《年年发财》《八仙庆寿》等。斗方在炕头画中数量最多，题材只有胖娃娃一种，俗称"胖孩子"。按照中国成双成对的传统，一般为左右对称的两张，张贴在新婚夫妇房间的炕头上，如《金玉满堂》《榴开白子》《年年有余》等。炕围子一般贴在沿炕的三面墙上，一来作为装饰，二来防止粗糙的墙皮磨损被面，如《状元游街》《一门三状元》等。

窗饰类年画是用于装饰在窗户周围的年画，有窗顶、窗旁、月光。其中，月光是贴在窗户两边的年画，因窗户两边的墙面背光，所以贴月光以求光明。形式为一幅两张，左右对称。窗饰类年画图案以花卉为主，如《哈哈二仙》等。

中堂类年画又叫轴画，多为财神、菩萨、寿星等，作为过年、逢节、寿辰、婚娶、祈祷用。中堂还配有轴，两幅一套，挂在中堂两边。

条屏类年画分四条屏、八条屏、十二条屏不等，多为四季花鸟、戏文故事，古时常见于私塾学堂、富裕农户和地方官吏家。如《白蛇传》《博古四条屏》《花瓶》等。

神像类年画有灶王、财神、天地全神，这类年画是人们祭祀、祈祷的对象。福字类年画主要源于过年在院门内的影壁墙上张贴大红福字的传统，形式为斜斗方，预示"有福人家""洪福盈门"。

杨家埠木版年画是"成教化，助人伦"，寓教于乐的民间美术，它贴近人们的心理和生活，深受人们欢迎。杨家埠木版年画现已成为促进国际间文化交流、吸引国外客商游人、发展潍坊外向型经济的纽带，成为"潍坊千里民俗旅游线"上的主要景点之一。2002年，拥有高超技艺的杨家埠木版年画正宗传人、民间艺人杨洛书，被联合国教科文组织授予"民间工艺美术大师"荣誉称号，为杨家埠赢得了盛誉。2006年经国务院批准，被列入第一批国家级非物质文化遗产名录。

3. 剪纸

高密剪纸是山东高密民间艺术"三绝"之一，其广泛流传同高密农村的节令风俗有着密切关联。据历史记载，明朝洪武初年，山西、河南、河北、江南大量移民迁至高密，其中就有不少民间剪纸艺人，他们将各地不同风格的剪纸艺术带到了高密，与高密民间剪纸艺术相融合，形成了高密剪纸独具特色的艺术风格，深受群众喜爱。

高密剪纸在艺术风格上多用对立统一的手法，采用阴剪和阳剪的表现形式。面与线巧妙组合，以黑、白、灰的简约色调为主，产生强烈对比，富有韵律感；线条柔似流水、刚则挺拔，粗细结合。

高密剪纸题材非常广泛。所剪作品大多取材于山水风景、鸟兽鱼虫、花卉果蔬、文字图案、民间传说、宗教信仰、历史故事、戏曲故事、风俗人情等。按用途可分为窗花、门笺、墙花、鞋花、顶棚花、灯花、喜花、春花、馍馍花、寿花、丧花等。门笺、窗花贴在门顶或窗上，灯花是元宵节贴在灯笼上的，"喜花"是结婚时贴在新房窗户、室内家具和器物上的，"寿花"和"丧花"是在过生日和办丧事时张贴的，"墙花"和"顶棚花"是布置房间时分别贴在墙上和屋顶上的。

高密剪纸按纹样不同，可分为人物、鸟兽、鳞介、昆虫、文字、器皿、花木、果菜、山水、世界珍奇等十数类；按剪纸寓意，又可分为纳吉、祝福、祛邪、除恶、劝勉、警戒、趣味等七类。剪纸大多构图夸张变形又不失真，表现出或静谧、安详、端正，或活泼、诙谐、有趣的特点。

为便于保存传承，每一幅剪纸作品完成后，都要用线简单地缝在一张纸上，再拿到灯烛上用烟熏烤，将其烤黑，然后把剪纸图形取下，留下一个熏成黑底的空白图形，作为以后绣制衣服、鞋、帽、肚兜、枕、床帐、门帘等的范样，原来的剪纸图样则用作服饰刺绣。

将高密剪纸艺术带向全国乃至世界的重要代表人物，应属高密剪纸代表性传承人齐秀花。2014年，齐秀花凭借自己高超的剪纸技艺，花了近一年的时间，剪出了北宋画家张择端的传世名作《清明上河图》，赢得了世人的广泛赞誉。2006

年，高密剪纸被列入第一批国家级非物质文化遗产名录。

鲁东地区民间工艺品种类繁多，风格各异，如潍坊红木嵌银漆器、高密泥塑、莱州玉雕、青岛面塑等，均带有浓郁的地方特色。

经典赏读

怀潍县

清·郑板桥

纸花如雪飞满天，娇女秋千打四围。
五色罗裙风摆动，好将蝴蝶斗春归。

〔注释〕 ① 纸花：指风筝。② 打四围：指一种转秋千，中间有一大轴，打秋千者绕大轴旋转，故云"打四围"。③ 将：和，与。

〔赏析〕 这首诗生动传神地描写了旧时潍县清明时节放风筝打秋千的民俗：风和日丽、草长莺飞的春天，白浪河畔聚集了很多放风筝的大人和孩子，各式各样的风筝飞上了蓝天。空旷的河滩上，高大的转秋千拔地而起，装扮一新的女子在秋千架上上下翻飞，风吹衣裙，恰似一只美丽的蝴蝶。

知识链接

1．门神类年画：秦琼敬德

秦琼，即秦叔宝；敬德，即尉迟恭。二人同为唐太宗李世民麾下猛将，是唐朝开国功臣。

秦琼敬德

传说，李世民登基后，夜里总被无名鬼魂惊扰，难以入睡，便让秦琼、尉迟恭二人夜间为他守门，此后便没有再被鬼魂惊扰过。李世民体谅二人的劳苦，便找画师，将二人样貌绘制下来，贴在门上，发现同样有效。后来传入民间，就演变成今天的年画。

2. 剪纸：笼上的蝈蝈

一般蝈蝈都是被养在笼子里，可高密剪纸艺人却独出心裁地将蝈蝈"放"了出来。一只强壮蝈蝈，用一双有力的后腿紧紧地钩在一个精细乖巧的笼子上，双须前伸，二目圆睁，宛如猛虎卧山岗。整幅画面，黑、白、灰对比强烈，笼子玲珑剔透，蝈蝈粗犷豪放，两者浑然一体，相映成趣。

活灵活现的高密剪纸

三十三　陶工瓷艺传千年——鲁中篇

经典故事

相传，很久以前，高岭村住着一户姓高的人家，老两口靠租种田地为生，生活很艰苦。一个冬天的早晨，高老汉发现在自家屋檐下躺着一个又冻又饿的白发老头，他急忙叫来老伴，把老人抬到自家床上，熬了热姜汤给老人喝。老人醒来以后，告诉老两口自己饿了，但是高老汉家里只有野菜。万般无奈之下，高老汉只好到富人家借了米，熬粥给老人吃。老人吃了米粥后，哈哈大笑，说："你们确实是好人。"说完，他从口袋里拿出一粒洁白晶莹的小石块交给高老汉，并叮嘱他要把小石块埋在高岭山上，过49天再去挖，那里就会变成挖不尽的白玉土。高老汉半信半疑地照着老人的话去做了，49天后果然出现了奇迹——到处是白嫩嫩的玉土。这是烧制瓷器的主要原料，后来被称为"高岭土"。

1. 陶瓷

淄博是齐国故都，陶瓷的故乡，也是中国五大瓷都之一。境内河流纵横，土地肥沃，为制陶业的诞生和发展提供了条件。鲁中地区以淄博为代表，因生产陶

李文化陶釜

瓷和琉璃而闻名于世。在造型和釉色装饰上有很高的艺术造诣。

早在新石器时期早期，山东地区便出现了陶器。烧制出了薄如蛋壳、色如黑漆的"蛋壳陶"。常见的器型有鼎、鬲、杯、罐、盘、盆、豆等。夏、商以后，制陶业已遍布全省各地。西周初年，专门设置"陶正"（官职名）管理陶器生产，临淄（今淄博）附近出现官营作坊。

大约从西周开始，出现了原始瓷器。在器物类别上，除大量烧制碗、盘、盆、罐、灯等日常生活器皿外，生产较多的是玩具，如乌龟、蛤蟆、小鹿、狗等。在装饰技法上多采用刻花、剔花、划花。淄川磁村窑独具特色，造型轻巧别致，釉色纯净。宋代出现了釉滴瓷器（俗称雨点釉）、茶叶末釉和采用高温绿斑彩装饰的白釉瓷器。

明清时期，陶瓷主要产地集中在颜神镇（今博山）一带，较有特色的产品当数青花"大鱼盘"，是当时民间婚丧嫁娶中普遍使用的日用陶瓷。其陶胎挂釉，盘内多以蓝色颜料绘制一条大鱼，故民间称其为"大鱼盘"。

雨点釉

淄博瓷壶

清光绪年间，山东第一个官办窑厂工艺传习所在博山设立，专门研究改良博山陶瓷。相继研究出了白瓷、蓝釉、绿釉、黑釉、纹片釉等艺术陈设瓷。工艺传习所最重要的一项成就是研究恢复了失传已久的"茶叶末釉"和"雨点釉"的烧制工艺。

1949年以后，涌现出了"三合园瓜壶""昆仑牌色瓷""鲁青瓷茶具""套五盆"等诸多名牌产品，在国内和国际博览会、展览会中多次获奖，取得了令人瞩目的成就。至此，淄博地区历史悠久的窑场作坊式的民间瓷器工艺生产，转化为现代工业产业化的陶瓷生产，淄博成为一座现代化的陶瓷生产基地。

淄博陶瓷体现了山东人粗犷豪放的性格特点，是中国陶瓷文化中重要的组成部分，具有很高的文化价值。2011年淄博陶瓷烧制技艺被列入国家级非物质文化遗产名录。

2．琉璃

琉璃制品又称"料器"或"烧料"，也有人称它为"人造水晶"。它是以博山当地盛产的琉璃料条加工制作而成的各种工艺美术品的统称。琉璃制品的加工工艺，比之陶器和瓷器更加精细。

博山矿产丰富，在博山烧制琉璃，原料来源是非常便利的。烧炼琉璃的三种矿物原料马牙石（长石）、凌子石、紫石，以及冶炼所需的"焦炭"，博山都有生产。

清康熙时期，博山生产的琉璃色料有：水晶、正白、梅萼红、兰、秋黄、映青、牙白、正黑、绿、鹅黄等10多个品种。琉璃产品有青帘、佩玉、丁当、华灯、屏风、棋子、风铃、壶顶、珠子、簪珥、泡灯、鱼瓶、葫芦、砚滴、佛眼、轩辕镜、火珠等。清康熙以后，博山的琉璃制品中，出现了一种具有极高工艺收藏价值的琉璃制品——鼻烟壶。

嘉庆年间以后，出现了铺丝、料兽、花球、料珠、珐琅等新品种和新工艺。"铺丝"是一种特殊透明装饰材料，相当于现代的平板玻璃，主要用来装饰高档灯具外罩的透明面和画框前面的透明面等。其透明度不及平板玻璃，且不像平板玻璃那样能隔水。"料兽"是用琉璃烧制的各种小动物。其造型简洁生动，质地透明，是深受孩子们喜爱的琉璃玩具。"花球"是在料兽制作带动下出现的一种新的玩具品种。花球分不透明琉璃花球和透明琉璃花球两种。不透明花球是几种有色琉璃混合凝固成球后，球体表面呈现出自然流动的美丽图案的花球。透明花球是在透明的琉璃晶体内烧制出各种花卉图案的花球。

博山琉璃产品从制作工艺上分"实料件"和"吹空件"两种。棋子、风铃、壶顶、珠子、簪珥等属实料件。泡灯、鱼瓶、葫芦、砚滴、佛眼、轩辕镜、火珠、鼓铛等是吹空件。

琉璃是中国古代文化与现代艺术的完美结合，是中华民族精致、细腻、含蓄品质的体现，被誉为"中国五大名器"（琉璃、金银、玉翠、陶瓷、青铜）之首，"佛家七宝"之一。2009年淄博琉璃烧制技艺被列入国家级非物质文化遗产名录。

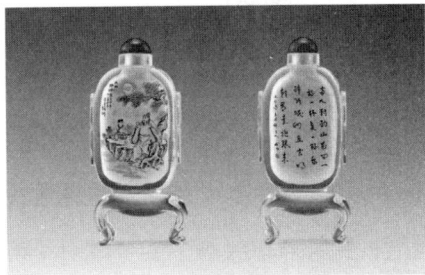
内画鼻烟壶

鲁中地区其他工艺品，如泰安肥城的桃木雕刻等也很有名。肥城是闻名中外的"中国桃都""佛桃之乡""桃文化胜地"。肥城桃木雕刻以当地独有的佛桃木为原材料，木体清香、色泽金黄，花纹呈八卦螺旋形；以传统平面浮雕为基本雕刻技法，包括浅浮雕、深浮雕、高浮雕、多层叠雕等手法。

知识链接

1. 陶与瓷的区别

瓷器和陶器两者之间既有密切联系，又是两种具有不同特性的器物。陶器是用含铁量较高、含氧化钙较少、可塑性较强的陶土作原料，胎体空隙大，吸水率高，硬度较低。烧制陶器的温度在900℃~1 050℃。瓷器的烧制原料是瓷土。瓷土的成分主要是高岭土，含长石、石英石等矿物质。瓷土经配料后制成胚胎，再用1 200℃以上的高温烧制成瓷器。瓷器的胎体比重较大，不吸水，敲击可发出清脆的金石声。瓷器胎体表面一般施有高温下烧成的釉，胎釉结合紧密、厚薄均匀，釉面莹润光亮。瓷器具有洁净美观、不易腐蚀、坚固耐用的优点。

2. 琉璃生产工艺

琉璃生产工艺：第一步是将马牙石、凌子石、紫石等矿物混合冶炼，制成彩色琉璃的"琉璃料"。生产琉璃料的作坊称"大炉"。第二步是向琉璃料中添加变色物质，即"铜铁丹铅"等，生产出彩色琉璃。将琉璃料添加变色物质烧制成彩色琉璃成品的作坊称"小炉"。

三十四 机织木刻夺天工——鲁西南篇

经典故事

在曲阜民间流传着这样一个传说：当年孔子去世后，他的弟子将老师葬在城北，然后为其守墓3年，而子贡守墓6年。守墓期间，弟子从四面八方移栽各种树木于孔子墓周围，慢慢形成了一片茂密的林地。在众多的树木中，有一种珍贵的楷（jiē）木，它是子贡专门从卫国带来植于孔子墓前的，这就是著名的"子贡手植楷"。后来这些楷木繁衍成材，成为孔林内一种珍稀的名贵树木，它与生于周公墓前的模树一样具有特殊的气质，这就是"楷模"一词的由来。

传说子贡为了表达对老师的敬意和思念，他用楷木木料雕刻了先师孔子、师母两座圆雕坐像。此楷木雕像造型端庄肃穆，刀法古朴浑厚、简洁传神，这是中国历史上最早的孔子雕像，同时也是楷木雕刻的开山之作。子贡由此成为楷雕艺术的创始人，楷雕工艺也从此流传下来了。

1. 楷雕

曲阜是圣人孔子的故乡，具有深厚的文化底蕴。孔子的智慧和思想，深刻影响着民间艺术的发展。作为这个古老的历史文化名城独有的传统手工艺术，曲阜楷木雕刻以其历史悠久、内涵丰富、技艺精湛、品种繁多而名垂青史。它是曲阜民间手工艺品的优秀代表，具有鲜明的民族特色和独特的艺术魅力。

万世师表孔子

说起楷木雕，还要先从楷木谈起。楷木也称孔木、黄连木，《说文解字》记载："楷，木也，孔子冢盖树之者。"《清一统志》记载："楷木出自曲阜县孔林，文如贯线，有纵有横，可以为杖。"楷木还有雌雄之分，雄树质地坚硬、纹理明显，并带有黑筋，不适合精雕细刻；雌木质地松弛，内部呈现出金黄色，被称为"软黄金"，它是适宜雕刻的优良木材。楷木是自然界中的精品，它有着良好的品性。

一件楷木雕刻的成品，要经过选料、解木、下料、整形、画图、切、削、净、刻、打磨、上色、打蜡等工序才能完成。每个过程都需要精巧的手工技艺，最终才能得到一件楷木雕精品。

首先，要对木质进行挑选。木雕对材质的要求非常严格，木纤维的横向结构要紧密，这样不易开裂；木质还要十分细腻，具有一定的韧性，这样方便加工；木料的强度也很重要，要保证刻好的作品不会轻易变形。

其次，要特别注重技法的运用。在《营造法式·雕刻制度》中，对木雕的技法描述得很详尽，主要介绍了混雕、剔地雕、线雕、透空雕、贴雕几大类。混雕相当于雕塑技法里的圆雕，混雕作品具有三维主体的效果，可以多面观赏，且形象刻画得非常精细、充满生气。剔地雕是传统木雕中最基本的雕刻技法，它在剔除花形以外的木质后，再在花样上做深浅不同的剔地，或者在花样上做刻线装饰、勾勒花形，这样就会增强作品的装饰效果，使作品更具神韵。

当然，受不同地域、不同风俗习惯的影响，木雕的形式和雕刻技法也不一样，呈现出各自的特点。曲阜楷木雕经过历代传承，最终形成了独特的艺术风格。它取法正宗、形神兼备，刀法古朴简约、浑厚精细，充分体现了民间艺人深厚的艺术功力。

曲阜最有名的楷木雕刻品种就是手杖和如意，它们是楷木雕刻传统品种，以前是孔府向朝廷进贡的贡品。如意图案有龙、凤、蝠、鹿、鹤、八仙、三星等，寓意龙凤呈祥、好运当头、幸福吉祥、万物和合等。如意头为灵芝祥云状，交叉体现雕花、浮雕、透雕、镂空雕等多种雕刻技法，显得神采飞扬。这类木雕作品富有神韵，自然高贵，具有深厚的文化内涵。

曲阜楷木雕已被列入国家级非物质文化遗产名录，其代表性传承人是工艺大师颜景新。颜景新出身于楷雕世家，他自幼酷爱雕刻艺术，在长期实践中形成了古朴典雅、造型生动、刀工细腻、清新脱俗的艺术风格。他的楷木圆雕作品《至圣先师——孔子》，根据树根的原始形态，运用圆雕技法，使孔子形象浑然一体，被人们视作艺术珍品。

文化名片 🌀

名称：楷雕如意
材料：楷木
图案：龙、凤、蝠、鹿、鹤、八仙、福禄寿三星等
形状：呈灵芝祥云状
寓意：平安长寿、洪福齐天、好运当头、富贵吉祥、多福多寿等
技法：通体雕花，浮雕、透雕、镂空雕等众多雕刻技法交叉使用。

2. 鲁锦

在鲁西南地区一处新石器时代文化遗址中，曾出土了一个"陶纺轮"，

这说明早在史前时期，这里的人们便已开始了纺织活动。

到汉代，鲁西南地区又出现了较为先进的斜梁织布机。嘉祥武氏祠汉画像石《曾母投杼图》中，曾母使用的斜梁织布机，就是现在鲁西南地区民间仍在使用的立式织布机之先祖。今天看来，这种织机结构过于简单原始，但在当时是世界上非常先进的。

曾母投杼图

元明之际，随着棉花在黄河流域大面积种植，鲁西南人民将传统的葛、麻、丝、织绣工艺融入棉纺工艺，形成了独特的鲁西南织锦。经过明清两代的不断发展改进，鲁锦成为一种技术成熟的优秀民间手工艺织品。

如今，鲁锦用以制作被褥、床单、门帘、枕巾、枕头、手巾、服饰等普通生活用品，结合时代审美趋向和生活需求，设计开发出了深受国内外人士欢迎的各式鲁锦服装、鲁锦工艺壁挂、鲁锦床上用品、鲁锦浴室用品、鲁锦工艺品、鲁锦箱包手袋等许多新产品。

鲁锦的艺术特点，首先是变化丰富的色彩。鲁锦有22种基本色线，常用色线有大红、桃红、湖蓝、靛青、绿、黑、紫、黄、棕、白等十几种。织锦艺人用这22种基本色线，可以织出1 900多种绚丽多姿的图案，堪称千变万化、巧夺天工。

其次是独特的图案设计。鲁锦都是几何纹样组成的抽象图形，而不是具体的事物形象。最初的几何纹样图案有斜纹、条纹、方格纹等几种，现在增加到枣花纹、水纹、狗牙纹、斗纹、芝麻花纹、合斗纹、鹅眼纹、猫蹄纹等八种基本纹样。

最后是独特的染色工艺。鲁锦的染色大都就地取材，诸如靛蓝、槐黄、榴黑、豆灰、泥紫等天然物质是其主要的染色原料。用这些天然染料染出的鲁锦，色彩和谐生动、古朴典雅。

鲁锦艺术通过不同的图案和色彩表现了吉祥如意、幸福美满等寓意，蕴含了鲜明的民族特色，丰富的文化底蕴。2008年，鲁锦被列入国家非物质文化遗产名录。

鲁西南地区其他民间工艺品，如聊城雕刻葫芦（即东昌葫芦雕刻，也称蚰子葫芦）也很有名。聊城雕刻葫芦历史悠久，选材独特，内容广泛，雕刻精美。在材料方面，有扁圆形葫芦、牙牙葫芦、飘瓜葫芦，还有特意配制的锥形葫芦、捆扎的多形葫芦，它们大都以扁圆葫芦为主要材料。如今，艺人们在继承传统工艺技法的基础上，大胆创新，把葫芦切割，然后组合成各种造型；改平刻为透刻，由原来的平面图案转向立体图案，创造了许多各具特色的新产品，极大地增强了葫芦的整体审美效果和艺术价值，这对于传统文化的创新有着积极的意义。

经典赏读

棉花段
（节选）

天上星星滴溜溜转
听俺表表棉花段
两个短工去锄地
横三竖四锄七遍
打花顶，坐花盘
开的花像黄罗伞
王母娘娘去拾棉
拾到花篮里花篮窜
搬了两个大板凳
又搬了一个晒蒲帘
晒得小花扑然然
乞溜嘎嗒去轧棉
轧车子轧，小弓子弹
杉木弓，罗皮弦

一边出的是花种
一边出的是雪片
枣木锤子旋得溜溜圆
弹得棉花扑然然
拿梃子，搬案板
……
一个车子八根齿
一个椗子两头尖
纺棉车子嗡嗡响
纺得小穗像鹅蛋
打车子打，上浆拴
……
落子响，旋风转
线头闯进杼里边

经线娘娘跑开马
刷线娘娘站两边
织布娘娘坐在那里边
织的小布平展展
……
送到缸里染青蓝
剪子铰，钢针钻
做了一件大布衫
布衫穿到郎身上
南里北里都当先
虽说不是值钱货
七十二样都占全
十字大街上站一站
……

〔注释〕 ① 小花：对棉花的亲昵叫法。② 娘娘：称谓，陕西有剪花娘娘。

知识链接

1. 山东民间艺术大师褚德胜——曲阜楷木雕行业的领跑者

2013年4月，在全国桃木旅游商品创新设计大赛上，褚德胜制作的《天下第一福》获得了金奖。木雕《天下第一福》以康熙帝所写的"福"字为本型，以优质木材为原料，用镂空浮雕的技法，精工雕琢，让"福"字具有了气势磅礴的立体效果和镂丝不断的灵性，形象地展现了"多子、多田、多才、多寿、多福"的寓意。"福"字中精雕的8只蝙蝠，活灵活现，祥云环绕，与"福"字完美融合，又有"久福"之意。"福"字底部以线条柔美连绵的流水纹为衬托，使此字增添了"福如东海长流水"的美意。

2. 鲁锦织造工艺

鲁西南民间织锦织造工艺成熟而复杂。从采棉纺线到上机织布要经过大大小小72道工序，民间有一首关于鲁锦纺织的《棉花段》歌谣，生动形象地反映出纺织鲁锦从植棉、纺线、到织布的全过程。可以概括出十几道主工序：轧花、弹花、纺线、打线、浆染、沌线、落线、经线、刷线、做综、上杼、掏综、吊机子、栓布、织布、了机等。每道主工序里还有很多子工序，且都有很多技巧，可以想象，一幅织锦的完成需要付出多少辛勤的劳动。

学以致用

1. 向风筝匠人或通过网络视频学习风筝的扎制方法，以小组为单位，用竹条、宣纸等工具，学习制作一只漂亮的风筝，让我们的民间工艺代代传承。另外，对于传统风筝的制作工艺，你觉得有哪些需要创新之处，请尝试一下。

2. 以"寻找齐鲁民间传统工艺"为主题，以小组为单位，通过去博物馆或寻访民间艺人或长辈，探寻山东民间传统工艺还有哪些。对于这些民间传统工艺，我们应如何传承？随着时代的发展，我们的民间工艺在原有的基础上应怎样创新？请同学们就这两个问题进行思考并展开讨论。

附录　课外阅读推荐书目

1. 王志民主编，《山东文化通览》，山东人民出版社2012年版。

2. 杨朝明主编，《论语诠解》，山东友谊出版社2013年版。

3. 杨朝明，宋立林主编，《孔子家语通解》，齐鲁书社2013年版。

4. 孔喆编著，《孔子圣迹图》，济南出版社2016年版。

5. 杨朝明，宋立林著，《孔子弟子评传》，中国社会出版社2012年版。

6. 王蕊编著，《儒家先贤画像集》，济南出版社2016年版。

7. 单承彬主编，《"讲好中国故事"系列丛书：史记故事》，济南出版社2018年版。

8. 卢嘉锡等编，《十万个为什么》，少年儿童出版社2014年版。

9. 康震著，《康震讲李清照》，中华书局2018年版。

10. 韩品玉主编，《中国经典故事》，济南出版社2017年版。

11. 柯玲编著，《中国民俗文化》，北京大学出版社2011年版。

12. 傅海伦，《山东科学技术史》，山东人民出版社2011年版。

13. 李伯齐，王勇，徐文军著，《山东文学史》，山东人民出版社2011年版。

14. 山东省文化厅编，《山东省级非物质文化遗产普及读本》，济南出版社2018年版。

15. 陈振濂主编，《中国书法发展史》，天津古籍出版社1998年版。

16. 丁文利，孙中升编著，《中华经典诵读》，济南出版社2017年版。